Elisabeth Obalski-Hüfner

Amselliad

Elisabeth Obalski-Hüfner

Amselliad

Bayrische
Geschichten und Gedichte

Illustrationen von
Hans Fischach

Verlagsanstalt »Bayerland« Dachau

Herausgeber:
Druckerei und Verlagsanstalt »Bayerland« Anton Steigenberger,
8060 Dachau, Konrad-Adenauer-Straße 19

Gesamtherstellung:
Druckerei und Verlagsanstalt »Bayerland« Anton Steigenberger,
8060 Dachau, Konrad-Adenauer-Straße 19

Printed in Germany · ISBN 3-89251-010-5

Inhalt

Geleitwort von Franz Ringseis

Elisabeth Obalski-Hüfner – wer sie nicht kennt, würde unter ihrem Namen kaum eine bayerische Poetin vermuten. Dabei könnte man sie vielleicht die »bayerischste« in der heutigen Runde der Mundartdichterinnen nennen, wenn man darunter den echten »Originalton Süd« und dazu das »bayrisch Herz« versteht, das Wärme strahlt und Humor aufscheinen läßt, der nicht nur zum wohlfeilen Lachen reizt, sondern in dem auch noch über herber Kritik der Wunsch zum Bessermachen und Besserwerden spürbar ist. Indessen geht es in ihren Gedichten oft genug lustig zu, freilich zuweilen, um der Traurigkeit darüber, wie verkehrt und ungerecht es bei uns »zuageht«, nicht das letzte Wort zu lassen. Die sprachliche Treffsicherheit der Autorin gibt den meist vierfüßigen Reimen einen kräftigen Inhalt, der sie nie in den Leierton abgleiten läßt; die Verse »gehen einem ein« »wie ’s Wasser«. Da haben sogar hie und da hochdeutsche Wörter ihren freundlich genehmigten Platz im bayerischen Stall. Man kann stets sagen »Es reimt sich« – nämlich fast wie von selbst –, und nie kommt einem der Spruch in den Sinn: »Reim di oder i friß di!«
Ein bayerischer Sprachforscher würde in ihren Texten eine Fundgrube erquickender bayerischer Redewendungen entdecken. Wer nicht nur nach Wörtern und Sätzen forscht, wird viel Liebe, Güte, erst recht Schalkhaftigkeit, aber auch ruhige Bescheidung finden. Und das nicht nur in den Versen, sondern auch in den kurzen Prosageschichten, die klar und direkt, ohne verfremdende Ambitionen, schildern, was wahr, was froh und traurig, bitter und tröstlich ist im bayerischen Leben, im Leben überhaupt.
Elisabeth Obalski-Hüfner ist aus dem Kreis der bayerischen Mundartpoetinnen, ja, aus der ganzen bayerischen Mundartliteratur, ob der männlichen, ob der weiblichen, nicht mehr wegzudenken.

Amselliad

*Wia hob i mi aufs Fruahjohr gfreit
nach dera langa Winterszeit,
weil ma glei wieder Hoffnung schöpft.
Hod mir a Amsel d Primeln köpft!
In meiner Wuat hob i mir gschworn,
der Vogel bleibt ned ungeschorn!
A poor Dog hob i gluurt und paßt.
Do – aufm Telegrafenmast
pfeift er aus vollem Hois sei Liad,
reißt s Schnaberl auf und wead ned miad,
singt scheena ois a Nachtigoi.
I bin versöhnt – vorerst amoi.*

*Weil ma bei uns Kohlrabi schätzt,
drum hob i kloane Pflanzl gsetzt.
I schau – und denk, mi hauts vom Sockel,
rupft ma s der freche Amselgockel,
hupft aufn Nußbaum mit oam Satz.
Briaderl, denk i, jetzt gherst da Katz!
Da jubiliert da Pflanzlkiller
f-c-f-a-gis-a mit Triller.
Staad steh i, daß i n ned vascheich,
und wead natürlich wieder weich.*

Am Giebelbalken drauß am Haus
suacht er se drauf an Nistplatz aus,
vadreckelt d Mauer, an Balkon.
Is für mei Guatheit des da Lohn?
In mir wachst a gerechter Zorn.
Da find i an da Hauptstraß vorn
direkt am Gehweg zu da Bahn
leblos an schwarzen Amselhahn.
Glei renn i hoam und bin so froh:
Da meine lebt und schleppt grod Stroh.

Boid fuadert fleißig er sei Bruat;
ois Vatta gfoit er mir recht guat.
Er steigt ganz schee in meiner Gunst.
Bis er mi boid drauf wieder hunzt:
Er hockt in de Johannisbeeren
und brockt und laßt se durch nix stören.
In Gottsnam, friß, solang s de freit?

Da Winter kummt, es stürmt und schneit.
Mei Schwarzer hockt im Vogelhaus
und beißt de andern Vögel naus.
Er scharrt und hackt ois wia a Henna.
Mei liaba Freind, jetzt lernst mi kenna!
I denk ans Fruahjohr und vaschiabs.
Mistviech, liabs!

Löwenmaul

Löwenmaul im Radibeet,
schaug, wia schee des Bleamerl steht,
und an Blütn leidt s koa Not,
innen gelb und außn rot.
Ob da Wind da Sämo war,
oder a kloans Vögerl gar?
Raus mit zwoa, drei Radischwanzl,
damit s wachsn ko, des Pflanzl.
Und im nächsten Fruahjohr glei
setz i s zu de Bleame nei.

Wia se bloß a soichas Kraut
zwischn meine Rosn traut!
Wachst und bliahd, wia wenns nix machad,
dabei is die Farb vui z krachad.
I reiß s raus, denn sonst is s z spat,
ned, daß aa no Sama straat.
Jeder woaß doch aus Erfahrung,
des entziahgt am Bodn bloß Nahrung.
Löwenmaul im Rosnbeet!
Liaba Gott, des geht doch ned!

Gedankn zum Muattadog

Wenn Veigerl bliahn und Flieda,
in dera scheena Fruahjohrszeit
erinnert ma voi Dankbarkeit
se an sei Muatta wieda.

Sie hod ihr ganzes Leben
koa Arbad gscheicht, koa Miah und Plog,
in guade und in schlechte Dog
ihr Kraft für d Kinda geben.

Gor lang hob i mi bsunna.
Wo nimmt se s her, so frog i mi,
den Opfermuat, die Energie?
A Quelle gibt s, an Brunna!

Sie hod in staade Stundn
gwiß ihra Dogwerk übadenkt,
dabei an Blick zum Himme glenkt
und zur Maria gfundn.

Des Lebn war zum Dabarma!
Fern vo dahoam bringt s s Kind zur Welt
im oidn Stoi weit drauß im Feld,
und d Viecha deanga s warma.

A Weg fangt oo voi Leidn.
Sie hoit zum Buam und bleibt eahm nah
bis nauf zum Hügel Golgatha,
bis zu seim bittern Scheidn.

Wenn graue Nebelschwadn
da Muatta Hoffnung raubn und Muat,
o Muattagottes, bleib ihr guad,
denn du bist voller Gnadn!

Ausflug

Am Feldkreuz führt da Weg vorbei,
oa Woch is s her, daß s steht.
Mei Bessi ziahgt sein Wedl ei
und knurrt. Er kennts no ned.

Im dunkln Woid wahd kühl da Wind,
die Ruah is a Genuß.
Doch weil s da Hund unheimlich findt,
drum geht er dicht ‚bei Fuß'.

Wia i dann hint beim Weiher bin,
löscht er scho längst sein Durscht.
Auf oamoi is er mittndrin.
Die Anterl san eahm wurscht.

Im Gasthaus wead a Pause gmacht.
Da Hund is furt, des Viech!
I such, i ruaf, und d Wirtin lacht,
er bettlt vor da Küch.

Beim Hoamgeh laß i mir vui Zeit,
genieß des Landschaftsbuid.
Mei Bessi wedlt voller Freid,
rennt hin und her wia wuid. –

Heid bin i wieda über s Feld
am Kreuz vorbei zum Woid.
Wia Nebl liegts auf meina Welt.
Nix freit mi, mir is s koid.

Warum oiß triab is um mi her,
des hod an tiefn Grund:
I hob koan Weggenossn mehr.
I trauert um mein Hund.

Die Greindlin und der Bassethund

Eigentlich konnte die Greindlin mit ihrer Zeit anfangen, was sie wollte, denn seit dem Tod ihres Mannes bewirtschafteten Martin, ihr älterer Sohn, und seine Frau den Hof, Enkelkinder waren noch keine da, und seit Florian, ihr jüngerer, in die Stadt gezogen war, wo er studierte, fühlte sie sich manchmal sogar einsam, was sie den Jungen gegenüber aber nicht zugab. Sie hatte früher allerhand Tiere großgezogen und gehalten, ein Bassethund war nicht darunter gewesen, darum sah sie dem Moment, an dem der Flori seinen Bessi zum erstenmal für zwei Tage in ihre Obhut geben wollte, mit gemischten Gefühlen entgegen, trotz der Abwechslung, die der vierbeinige Besuch versprach.

Da fuhr der alte VW auch schon vor. Flori, der wie immer in Eile war, sprang aus dem Auto und zog seinen Hund hinter sich her. Bessi ahnte wohl, was ihm bevorstand, denn er stemmte alle vier Pfoten in den Kies. Flori drückte seiner Mutter die Leine in die Hand, verabschiedete sich und brauste davon.
Bessi schaute seinem Herrchen nach, bis das Auto in einer Staubwolke verschwunden war, dann ließ er sich mit einem tiefen Seufzer in den Kies fallen, legte den Kopf auf die Vorderpfoten und stellte sich taub gegen alle Versprechungen, mit denen die Greindlin in der folgenden Viertelstunde versuchte, ihn ins Haus zu locken. Der Zufall kam der Ratlosen zu Hilfe. Eine Katze huschte an der offenen Türe vorbei ins Haus. Nun sprang Bessi die Treppe hinauf und rannte in den Flur, daß die Greindlin um ein Haar der Länge nach hingefallen wäre. In der Küche ließ sie den Hund frei, der sofort zur Türe lief und durch zaghaftes Kratzen andeutete, daß er hinaus wollte. Als ihm niemand öffnete, legte er sich auf die Seite, verdrehte den Kopf und begann in den höchsten Tönen zu winseln; man hätte denken können, er sei verprügelt worden.
Die Greindlin überlegte, was dagegen zu tun sei, und ihr fiel ein,

daß sich der Hund vielleicht beruhigen würde, wenn sie ihn Gassi führte. Bei dieser Gelegenheit konnte sie gleich bei der Pfarrersköchin vorbeischauen, von der sie sich ein Handarbeitsheft leihen wollte.

Sie band sich ein Kopftuch um und führte den Hund an der Leine auf die Straße. Als Bessi den Torpfosten einer genauen Untersuchung unterzog, blieb die Frau geduldig stehen. Sie sagte auch nichts, als er sich ein paar Meter weiter einen Hydranten vornahm, als er aber auch noch an einem wildwachsenden Ahornschößling herumschnupperte, meinte sie ärgerlich:

»Geh halt weida! I hob mei Zeit doch ned gstohln!«

Der Hund warf ihr einen vorwurfsvollen Blick zu, dann widmete er sich mit großer Aufmerksamkeit den einzelnen Blättern des kleinen Bäumchens.

Ausgerechnet die Gruber Berta, deren loses Mundwerk im ganzen Dorf bekannt war, kam den beiden entgegen, und die Bosheit blitzte in ihren Augen, als sie bemerkte:

»Aha. Mach ma an Spaziergang?«

Schämen mußte man sich! Bisher hatte noch keiner die Greindlin am hellichten Tag auf der Straße herumstehen sehen.

Als nächster kam der Postbote, und ein breites Grinsen ging über sein Gesicht, als er fragte:

»Ja, wos host denn do für a Stiagnglandamischung?«

Kein Wunder. Mit seinem langen Körper auf den kurzen, krummen Beinen sah Bessi aus wie eine schwarz-weiß-braungefleckte Schlummerrolle, ganz abgesehen von den langen Schlappohren, die auf dem Boden schleiften, wenn er den Kopf senkte. So einen Hund hatte hier noch keiner gesehen.

An der Kreuzung versuchte die Greindlin mit ihm die Straße zu überqueren, doch Bessi zog mit aller Kraft in die andere Richtung. Schon blieben ein paar Leute stehen. Die Frau gab sich alle Mühe, ihren Willen durchzusetzen, der Hund begann zu keuchen und zu husten, denn das Halsband schnürte ihm schier die Kehle zu, aber er gab nicht nach.

Der Riederbauer kam gerade vorbei, stieg eigens vom Rad, um den Ausgang dieses Kampfes abzuwarten und sagte:

»Gell, Greindlin, der hod mehra Schmoiz wia du!«
Ein halbes Dutzend Zuschauer hatte sich inzwischen eingefunden. Da gab die Greindlin auf. Über einen Umweg gelangte sie schließlich zum Pfarrhaus mit diesem eigensinnigen Hundsviech, das einen zum Gespött der Leute machte. Mochte Flori es in Zukunft in ein Tierheim oder sonstwohin stecken, wenn er wegfuhr, sie wollte diesen Hund nie mehr sehen, nicht eine einzige Stunde.
Mathild, die Pfarrersköchin, freute sich über den unverhofften Besuch. Die beiden Frauen begrüßten sich lang und herzlich und versicherten sich gegenseitig: ‚Guad schaugst aus!', während Bessi unbemerkt zwei frisch gefüllte Katzenschüsseln neben der Haustüre leerfraß.
»Mei, is des a netts Hunderl!« rief die Mathild entzückt, als sie entdeckte, daß die Freundin nicht allein gekommen war, »des mog doch sicher a Wurschti.« Und ob Bessi ein »Wurschti« mochte! Er verschlang auch noch ein Stück Leberkäse, dann rollte er sich auf dem Teppich zufrieden zusammen und schlief, bis die Greindlin ihm die Leine wieder anlegte.
Auf dem Rückweg benahm er sich ganz manierlich. Daheim machte er sich gierig über sein Fressen her, und als sich von seinem anschließenden Pfeifkonzert vor der Türe niemand beeindruckt zeigte, trottete er zu dem mit einem Wolltuch bedeckten Polster, das als Lager für ihn hergerichtet worden war.

Am nächsten Morgen stand die Greindlin früher auf als gewöhnlich. Diesmal ging sie mit dem Hund durch den Garten zum Feldweg, wo ihnen niemand begegnete. Schwerer Tau lag auf der Wiese, über dem Wald stand milchiger Dunst, die Sonne schob sich langsam höher und verdrängte die Kühle, die die Spaziergängerin noch frösteln ließ. Als ihr Mann noch lebte, war sie öfter um diese Zeit aufs Feld gegangen. Die vor ihr liegende Arbeit hatte damals den Blick für die Schönheit des Sonnenaufgangs getrübt. Jetzt war nur der Hund zu beaufsichtigen. Sie löste die Leine, und Bessi steckte seine schwarze Nase ungestört zwischen Grashalme und in Blumen, bis die Greindlin ein gutes

Stück voraus war, dann jagte er in wilden Sätzen hinter ihr her, daß seine langen Ohren nur so flogen. Es war eine glückliche Stunde für beide, und die Greindlin begann, ihr Verhältnis zu Bessi noch einmal zu überdenken.

Am Abend schaute der Martin auf einen Sprung zu ihr herein. Er setzte sich an den Küchentisch und ließ sich ein Bier einschenken.

»Der hod fei vui Geld kost«, begann er die Unterhaltung.

»Wos moanstn?« fragte die Greindlin.

»Den Hund, wo dir da Flori bracht hod.« Martin trank einen Schluck und fuhr fort: »Da Riada war gestern am Stammtisch, er hod eich gsehng. Do hod da Dokta Meissner gsogt – der wo da herauß a Jagd hod –, daß er aa an soichan Hund hod und daß er den ollawei auf d Jagd mitnimmt, weil koa andara a so a guade Nosn hod.

Er is zwar a bisserl langsam und ziemlich stur, sogt er, aba findn duad er oiß; und teia sans, de Bassethund, hod er gsogt.«

Es lag also in Bessis Natur, den Dingen auf den Grund zu gehen und seinen Dickschädel einzusetzen, wenn man ihn daran hindern wollte.

Die Greindlin spürte plötzlich, daß sie den stämmigen, kleinen Kerl eigentlich doch recht gern hatte, und der, als könne er Gedanken erraten, erhob sich, kam zum Tisch und legte seinen Kopf auf die Filzpantoffeln, die sie trug.

Reglos saß die Frau, das Feuer im Herd brannte langsam nieder, und die Milch kühlte wieder ab, die sie sich warmgestellt hatte.

In dieser Abendstunde begann zwischen die Greindlin und dem Bassethund eine Freundschaft, die heute noch besteht.

Umland

So mancher Stoodmensch schaugt voi Neid
ins Umland naus und auf die Leit,
und sicher moant er, daß se s lohnt,
wenn oans in da Region drauß wohnt,
denn die poor Kilometer packt
d S-Bahn im Zwanzgminutentakt.
Schnell is, wer aus da Stood vaduft,
in Woid und Feld und frischer Luft. –
Wenn ma bei uns an Ärger hod,
vadankt mas größtenteils da Stood.
Braucha s fürn Müll a Deponie,
na stelln se s drauß im Umland hi,
von große Flugplätz gor ned z redn,
im Stadtbereich geniern s doch jedn.
Wos de für an Spektakel macha!
Do konn doch unsaoans bloß lacha,
wenn a Behörde, weils ihr paßt,
no Lärmvaordnungen erlaßt:
am Himme drobn, do krachts nach Notn,
doch s Rasenmähen is vabotn!
Ganz schlimm is aa da neie Trend
vom Stoodara am Wochenend,
wo oiwei ganze Völkerscharen
mit Kind und Hund aufs Land nausfahren,
daß olle nach des Landrats Willen
sich naherholn und Würstl grillen.
Oft krampfeln s s Hoiz, so wia se s braucha,
damit die Feuerl richtig raucha.
Und weils so schee is, geht des Gschrei
mitunter gor bis nachts um drei. –
Sie waar zweng da Kultur a Glück,
die nahe Stood, doch i hob s dick!

Originalton Süd

Bormio – Skiweltmeisterschaft!
Die Favoritn voller Kraft,
im Riesentorlauf laft s wia gschmiert,
bis unser Markus nuntastiert,
da Wasmeier, der, wia bekannt,
dahoam bei uns im Oberland.
Glei bei seim erstn Einsatz hoid
er für uns d' Meisterschaft und s Goid.
Im ZDF, Abteilung Sport,
kummt unser Goidbua drauf zu Wort.
Er wirkt natürlich, ziert se ned
und redt, wia ma bei uns hoid redt.
Da laft a Untertitel mit,
und darauf steht: ‚Originalton Süd'.
Koa Faschingsgaudi is s, drum scheint s,
es hoitn de do drobn in Mainz
uns do heruntn olle zamm
wohl für an Eingebornenstamm!

Sprachschwierigkeiten

Es sitzt Herr Schulze aus Berlin
mit seiner Frau im Festzelt drin.
Die Preißn trogn, des is bekannt,
am liabstn unser Trachtngwand,
a unser Sprach macht eahna Spaß,
drum bstellt Herr Schulze forsch: »A Maß!«
Es is da Mo ja ned alloane,
drum wundert se d Bedienung: »Oane?«
Grod gsüffig is des edle Naß,
da Gast valangt: »No oane Maß!«
»Oa Maß hoaßts«, klärt n d Zenzi auf.
Herr Schulze hörts und bsinnt se drauf.
Da Durscht da Fremden is ned kloa:
»Ach, Frollein, bringen S uns noch oa!«
Schee langsam wead d Bedienung boane.
»In dem Foi«, grantelt s, »sagt ma: oane!«
Da Nordgermane mog ned streitn
wegn sprachlicher Besonderheitn.
Er bsinnt se wieder auf sei Rass
und bstellt beim nächstn Moi: »eene Maß!«

Der Feriengast

Vorm Haus scharrn Henna, Antn, Gäns,
da junge Bauer denglt d Sens.
Da oide, scho a wengerl steif,
hockt auf da Bank und raucht sei Pfeif.
A Fremder lobt am Zaun die Rosn,
am Bauern seine ‚Sepplhosn',
stoiz sogt er, daß vor dreißg Jahr
er do im Tal in Urlaub war.
»Die Blumenwiesen, dieser Duft,
der Wald, die wunderbare Luft . . .«
»Wos?« moant da Oid, er hört scho schlecht.
»Er sogt, die Luft, die taugt eahm recht.«
Da Fremde schwärmt von Eisbein, Bier:
»Ein Meister, dieser Postbräu hier!«
Da Vatta, der ned oiß vasteht,
wui wieder wissn, um wos s geht.
Da Fremde hebt sein Blick zur Alm,
vaklärt schaugt er auf Kiah und Kalm,
dann redt er von da Sennerin:
»Ein Klasseweib mit leichtem Sinn.
Ich hab in lauer Sommernacht
dort manche Stunde zugebracht.«
Da Oide frogt: »Wos moant er, ha?«
»Er sogt grod, d Muatta kennt er aa!«

Feiawehrliad

Wos braucht ma bei da Feiawehr,
wos braucht ma bei da Wehr?

A Straßnnetz durch d Gmoa,
schee broad und ja ned z kloa,
an jedem Eck a poor Hydrantn,
weil d Mannda sonst ned pritschln kanntn.

A Deandl, des auf d Nacht
am Kammafensta wacht –
do konn da Feiawehrmo nachha
no gschwind a Loataübung macha.

A Tanklöschwagn kost Geld.
Weil des im Rathaus fehlt,
drum löschn s kloane Feiastättn
wia früha mit da Eimerkettn.

Wichtig – des muaß ma sogn –
is bloß da Mannschaftswogn.
Für Feste brauchst an Karrn, an schnelln,
für Ausflüg und zum Christbaumstehln.

Da Dienst is ned grod leicht,
und d Feiawehr mogs feicht.
Brennt s ned, dann dean die Buam, die feschn,
den eigna Brand beim Postbräu löschn.

Es muaß da Kommandant
sofort zu jedem Brand.
A Radl stellt eahm die Vawaltung,
mit Blauliacht, Martinshorn und Schaltung.

Stellt se a Unglück ei
und laffadn s ned glei
bei Brand- und Wasserkatastropha,
dann waar a ganz schee aus, da Ofa.

Drum brauch ma unsa Feiawehr,
drum brauch ma unsa Wehr!

Zuwachs im Saustall

In den letzten Jahren haben viele Bauernfamilien ihre alten Hofstellen im Dorf aufgegeben, um moderne Aussiedlerhöfe mitten in ihren Feldern und Wiesen zu bewirtschaften.
Der Bachhauserhof liegt schon seit Generationen im Außenbereich am Rand einer von Birken begrenzten Moorwiese, und wenn der Betrieb den neueren Anwesen in nichts nachsteht, dann liegt es an seinem jetzigen Besitzer, dem Bachhauser Matthias, der sein ererbtes Sach treu und mit großem Fleiß verwaltet. Nur in der Viehzucht halten ihn manche Leute eher für rückständig. Bei ihm kräht in der Früh noch ein Gockel, seine Hennen sind nicht in Käfige gesperrt, sondern scharren im Mist, verdrekkeln den Hof, und oft genug jammert die Bäuerin: »Ham ma de Mistviecher doch wieder d Oar valegt!«
Die Kälber werden nicht in ständiger Stallhaltung auf engem Raum gemästet, sondern tummeln sich auf dem kleinen Hügel über der Moorwiese, und im Kuhstall arbeitet noch die alte Melkmaschine, ‚weil s d Kiah so gwohnt san'.
Daß der Hias in diesen Dingen keinen Spaß versteht und recht ekelhaft werden kann, wenn ihm einer dreinredet, mußte ein Melkmaschinenvertreter erfahren, der ihn beharrlich und zäh, aber vergeblich, zum Kauf eines neuen Gerätes ermuntern wollte und sich schließlich lustig machte über ‚des oide Glump'.
»Dem hob i d Stoilatern noochghetzt!« pflegte der Bachhauser zu sagen, wenn er gelegentlich darauf angesprochen wurde. Das Wurfgeschoß traf den Flüchtenden nämlich schmerzhaft im Rükken und brachte dem Schützen eine Klage wegen Körperverletzung ein. Nur dem Redetalent des Advokaten war es zu verdanken gewesen, daß er mit einer Minimalstrafe davonkam.
Nero, der Schäferhund, hatte während dieses Vorfalles neben der Haustüre gelegen und in die Sonne geblinzelt, denn auch er wurde gut gehalten und zeigte, wenn nicht gerade etwas Verdächtiges seine Aufmerksamkeit erregte, ein freundliches Wesen.

Er schlug auch nicht an, wenn der Bichler Pauli zu einem kleinen Ratsch vom Dorf herüberkam, was öfter geschah, denn er und der Hias waren Freunde von Kindesbeinen an.

Eines Abends erzählte der Bichler: »Stell da vor, mei Sau hod zehn Faggerl gworfn, olle gsund und springlebendig. Aber es san zvui. Zwoa muaß i weggadoa, de bringa ma de Oide sonst um.«
»Die unser hod vor a poor Dog sechse gworfn«, sagte der Hias nachdenklich.
»Schood, daß Säu koane fremdn Faggerl oonehma«, bedauerte der Pauli.
Der Hias gab nicht auf: »Laß mi amoi noochdengga«, und nach einer Weile meinte er entschlossen: »Morgn friah hol i mir bei dir zwoa Schweinderl!«
»Von mir aus«, sagte der Pauli, »weast as doch ned mit da Flaschn aufziahng woin, dafür sans schier no a bisserl z kloa.«
Am nächsten Morgen fuhr der Bachhauser mit dem Fahrradl hinüber in das Dorf. Ein mit Wolltüchern ausgelegter Korb hing an der Lenkstange.
»Mei, des waar ja ewig schad«, sagte er, als er sich beim Bichler im Schweinestall über die halbhohe Bretterwand beugte, »do is ja oans scheena wias ander!«
Der Pauli legte zwei rosige, quiekende Ferkel in den Korb des Freundes und deckte sie zu. Der fuhr gleich zurück. Mit Kartoffeln lockte er das Muttertier in einen zweiten Bretterverschlag. Dann holte er aus der Wohnung den Obstler und ließ sich von seiner Bäuerin einen weichen Lappen geben, den er im Stall mit einem Stamperl von dem Hochprozentigen tränkte, nachdem er ihn ein wenig mit Wasser verdünnt hatte. Sorgfältig rieb er die beiden fremden Ferkel damit ein, dann befeuchtete er das Tuch noch einmal kräftig und fuhr dem Nachwuchs seiner Sau damit über den Rücken. Er öffnete das Verschlagtürl, und die Alte trottete zurück zu ihrer vergrößerten Familie. Zuerst schaute sie ratlos drein. Solche Duftwasser wurden in ihrem Stall sonst nicht verwendet.

»S is nix Unrechts«, mag sie schließlich gedacht haben, denn sie legte sich auf die Seite und ließ neben den eigenen auch die Adoptivkinder bereitwillig an ihre Zitzen.

Alle entwickelten sich prächtig, und der Pauli schaute von nun an auch in den Schweinestall, wenn er vom Dorf herüberkam.

»Waar doch schad gwesn«, sagte er jedesmal, und die beiden Männer freuten sich noch eine ganze Weile über die gelungene Täuschung.

Werbung

Hob a Baserl drobn bei Cham,
und mia kumma öfters zamm.
Kürzlich, bei ihrm letztn Bsuach,
schenk i ihr vo mir a Buach,
lauter Verserl stehnga drinna.
I sog, i wui Leser gwinna,
und sie soll a bisserl werbn.
Glei hauts eine in mei Kerbn.
Drauf vageht a ganzes Jahr,
und, wia s Baserl bei mir war,
wart i, ob s ma wos vazählt,
denn von Cham hod neamd wos bstellt.
Glei ziahgt sie mei Biacherl raus.
Himmevatta, schaugt des aus!
Des is arg bearbad worn,
innen nix wia Eselsohrn,
Blattln fliagn, und manches is
voller Fleckn und hod Riß.
Wer hod s Biacherl so verdorbn?
S Baserl moant: »I hob fei gworbn.
Olle Nachbarn und Bekanntn,
und de ganzn Onkel, Tantn,
olle ham de Verserl glesn,
jeder is begeistert gwesn.
Und da Vetter, weit entfernt,
hod oa aussegschriebn und glernt,
und er trogt s mit vui Humor
öffentlich bei Feiern vor.
An deim Buach ham olle Leit
eahnan Spaß und eahna Freid.« – –
Bloß alloa vom Ruhm konn ebn
aa da Tüchtigste ned lebn!

Kare und Lugge

Da Lugge hods grod bsonders schwer,
sie ziahng eahm ei zur Bundeswehr,
und weil er gern aufs Wasser woit,
drum ham s n zur Marine ghoit.
Zum Stabsarzt kummt er, zu am schlimmen,
der fahrt n o: »Mann! Könn Se schwimmen?«
Do hebt da Lugge ratlos d Griffe:
»Wos? Schwimma? Habts ihr koane Schiffe?«

*

In Tölz san de zwoa Freind recht gern.
Sie kumma aa an d Flintkasern.
Mitm Jeep roast grod a Ami vor,
der fahrt mit Liacht durch s große Tor.
Da Lugge moant: »Der is ned dicht,
am hellen Dog fahrt der mit Licht!«
Da Kare kennt se aus und lacht:
»Bei dene drübn is doch jetzt Nacht!«

*

Der Kare dirigiert mit Gschick
bei eahm im Dorf drauß d Blosmusik.
An seim Geburtsdog freit er si,
da Lugge schenkt eahm a Etui.
Wos drin is, woin die Gäste wissn:
Zwoa Taktstöck auf am Seidnkissn.
Da Kare schaugt an Lugge oo
und moant: »Aha! Für Stereo!«

*

Da Kare bstellt im Gasthof Mahler
zwoa Bier und zwoa Stück Emmentaler,
Da Lugge langt ois erster num
und angelt se des größte Trumm.
Sei Spezl sogt: »Du host koan Takt.
I hätt des kloane Stückl packt.«
Da Lugge moant: » . . . mitm größern Loch?
Wos jammerst denn? Des host ja doch!«

Da Wetterpfarra

Da Herbst ziahgt über d Oberpfalz,
durchs Dorf, am Bergerl glegn,
wo d Mannerleut mit Kraft und Schmalz
Hoiz herfahrn, abladn, sägn.

Sie hacka, schichtn Dog für Dog,
und d Abfallfeia raucha.
Do geh i zu oam hi und frog,
zu wos s des Hoiz denn braucha.

Aufs Bergerl soi i auffeschaugn,
do geht grod d Sonna unta,
a Mo hoit d Hand flach über d Augn
und linst aufs Dörferl nunta.

Da Wetterpfarra specht ins Land
seit Wochen, imma wieda.
Schaugt er so oft, des is bekannt,
na wead da Winta zwida.

Glei wandert i aufs Bergerl nauf,
i muaß an Pfarra findn.
Wia woaß er des? I brenn scho drauf,
des Rätsel zu ergründn.

»Auf d Bauern schaug i«, sogt der Mo,
»und scho kumm i dahinter:
Legn die so große Holzstöß o,
dann gibts an strenga Winter!«

Pech

Im Himme auf da Wolknbank
arbadn zwoa Männer, jung und schlank,
so um die dreißge war a jeda.
Sie messn grod fürn Petrus s Weda,
und a poor Wolkn hods vaschobn.
»Sog, warum bist du do herobn?«
frogt oana und schreibt ins Journal
de neiestn Hektopascal.
Da andre sogt: »I bin dafrorn.
Und wia host du dei Lebn valorn?«
»Zu mir ham s gsogt, in unserm Haus
schmiert mi d Frau mit am andern aus.
Glei bin i hoam, schaug unter s Bett,
ins Klo, in d Schränk – es stimmt gar ned!
Vor lauter Freid, wenn i dir sog,
trifft mi glei auf da Stell da Schlog.«
Da anda schaugt n traurig oo:
»Hättst ned vagessn, guada Mo,
den Deckl vo da Kühltruhn z hebn,
mia kanntn olle zwoa no lebn!«

Barfuaßlaffa

Wenn da Kuckuck ruaft im Woid,
d Katzn auf da Hausbank schlaffa,
nachha kummt da Sommer boid,
d Buam dean wieder barfuaßlaffa.

Aa da Hotzl Micherl sogt
in da Friah beim Kaibeträngga,
Wenn ma koane Stiefe trogt,
braucht ma ned ans Putzn dengga!«

Wia er drauf ins Schuihaus wetzt
mit da brauna Ledertaschn,
frogt da Lehrer glei entsetzt:
»Wer hod seine Fiaß ned gwaschn?«

Geht durch d Reihen und schaugt noch,
denn nach Kuahmist stinkts ned minder.
»Hotzl Micherl, naus an n Booch«,
sogt er zu dem kloana Sünder.

Jedn Dog des gleiche Spui
treibt seitdem da Lehrer Zacherl.
Kummt da Hotzlbua in d Schui,
schickt er eahm glei naus ans Bacherl,

und da Micherl muaß hoid geh.
Doch dann wead da Lehrer stutzig,
denn da Hotzlbua bleibt steh:
»Meine Haxn san ned schmutzig!«

Zacherl suacht, wo s stinkt und dampft,
nirgends a vadächtigs Grücherl.
»I hob heit scho Kraut eigstampft!«
sogt voi Stoiz da Hotzl Micherl.

Das Bad in der Waschküch

Das Dorf, in dem sich diese Geschichte zugetragen hat und dessen Name nicht erwähnt werden soll, weil Angehörige von beteiligten Personen noch heute dort leben, liegt im bayerischen Voralpenland.

Das alte Kirchlein mit seinem Zwiebelturm thront auf einer Anhöhe über den Häusern wie eine Glucke über ihren Küken. Eine schmale Straße führt hinunter zur Seele des Dorfes, dem Kirchplatz. Hohe Linden und Kastanien säumen Grundschule und Mesnerhaus ein. An eine kleine Parkanlage schließen sich die Bäckerei, ein Frisiersalon, die alte Apotheke und der Postbräu mit Metzgerei an.

Das Steinpflaster und die bunten Fassaden sehen noch aus wie damals vor ungefähr fünfzig Jahren, als sich der Apotheker, der Friseur, der Hauptlehrer und der Zahnarzt jeden Donnerstag beim Postbräu im Nebenzimmer zum Abendschoppen trafen. Die mit gemusterten Leintüchern gedeckten Tische trugen immer frischen Blumenschmuck; die Blüten neben dem blankgeputzten Messingschild mit der Aufschrift »reserviert« im Herrgottswinkel wurden mit besonderer Sorgfalt ausgewählt, denn hier nahmen die vier Freunde regelmäßig Platz. Andere Gäste, einheimische und fremde, grüßten höflich herüber, was jedesmal wohlwollend zur Kenntnis genommen wurde; man gehörte schließlich zu den Honoratioren. Man war wer!

Kathi, die Kellnerin, fragte mit sanfter Stimme: »Bitte, was darfs sein?«, während es drüben im angrenzenden Bierstüberl, wo auf groben, blankgescheuerten Tischen serviert wurde, nur zu einem batzigen »Wos kriagts ihr?« langte.

Hin und wieder stand die Türe offen. War das Bierstüberl gut besucht, was besonders an Zahltagen für Knechte, Dienstboten und Arbeiter der Fall war, dann zog gelegentlich eine Wolke von Stallgeruch, Schweiß und billigem Tabak herüber in den vornehmeren Teil des Lokals. Wortlos stand einer der Freunde auf, um die Tür zu schließen, wenn Wirt und Personal gerade beschäftigt waren. Es geschah ohne Murren, denn alles in allem ließ sich der Zustand ertragen – bis zu jenem Donnerstag.

Das Lokal war besonders gut besucht. Man unterhielt sich angeregt, wenn auch in gedämpftem Tone, da spazierte mir nichts, dir nichts der Herr Georg König, seines Zeichens Landstreicher, durch das Nebenzimmer, schaute sich neugierig um, wobei er sich viel Zeit ließ, und verschwand schließlich im Bierstüberl.
Den vier Herren stockte der Atem. Dieser Schlamper, der schon seit Monaten in der Scheune beim Eichenwäldchen hauste, der nur das besaß, was er auf dem Leib trug, und seine schmutzige zerlumpte Kleidung erst dann wegwarf, wenn er in den Häusern am Kirchplatz, wo er gelegentlich Brennholz hackte, abgelegte Jacken, Hosen und Wäsche geschenkt bekam, dieser Georg König schädigte durch seinen Auftritt nicht nur das Ansehen der vier Herren, sondern auch das des Hauses, ja, sogar das des ganzen Dorfes. Gewiß, er verdiente das bißchen Geld, das er hin und wieder besaß, auf ehrliche Weise. Drüben im Bierstüberl konnte er es ausgeben, aber im Nebenzimmer hatte er nichts zu suchen. Es war ein Skandal!
Der Lehrer meinte: »Den mechad i amoi mit Kernsoafa und Wurzlbürschtn behandln!«
»Dann trifftn vielleicht der Schlog. Der is doch nimmer mit Wasser in Berührung kumma, seitn sei Muatta s letztemoi gwaschn hod!« erwiderte der Zahnarzt.
»Ma miassad eahm d Soafa richtig eimassiern und mit da Giaßkanna gründlich nachspüln«, überlegte der Friseur laut.
»Mir fällt etwas ein«, sagte der Apotheker, der glaubte, die Anwendung der Schriftsprache betone seine höhere Schulbildung in besonderer Weise, »bei uns war heute Waschtag. In unserer Waschküche steht ein großer Kessel mit warmem Wasser. Meinetwegen könnten wir gleich damit anfangen!«
Der Friseur erhob sich. »I hol gschwind mei Handwerkszeug, dann konn i eahm d Haar und an Bart aa glei a bisserl zrechtstutzen.«

Dem Wirt erklärten sie, sie kämen gleich wieder, dann ging der Apotheker hinüber ins Bierstüberl und bat den König, ihn für kurze Zeit zu begleiten, was dieser willig tat, ohne nach dem Grund zu fragen.

Nebenan im Keller der Apotheke aber lehnte der Überlistete entschieden ab, sich selbst zu entkleiden und zu baden. Da machten die Freunde kurzen Prozeß. Das Wasser war angenehm warm. Der Friseur seifte den Widerstrebenden ein, und nach anfänglichem Wehgeschrei drang bald wohliges Grunzen bis hinauf in die Wohnung, wo die Frau Apotheker gerade abgelegte Wäsche und einen gut erhaltenen Anzug zurechtlegte.

Die Haushälterin verweigerte die Herausgabe eines Frottiertuches beharrlich und schob schließlich nach längerem Zureden ein ausgedientes Bettuch durch die einen Spalt breit geöffnete Tür. Ein Stück Bindfaden, ein Taschenmesser und ein schäbiger Geldbeutel wechselten die Hosentasche. Dann ging der Friseur mit Schere, Bürste und Kamm ans Werk.

Keine halbe Stunde war vergangen, da gingen die Männer zurück ins Wirtshaus. König war nicht wiederzuerkennen. Er zog an einer dicken Zigarre, vergnügt grinsend, denn in seiner Tasche befand sich so viel Geld, daß er diesmal nach der Speisenkarte bestellen konnte.

Als er das Bierstüberl betrat, brachen seine Stammtischbrüder in schallendes Gelächter aus. Ob er sich nun, da er so fein und vornehm sei, überhaupt noch zu ihnen setze, meinten sie und nannten ihn unterwürfig »König Georg«.

Da erschien dem Alten auf einmal die Prozedur in der Waschküche als bittere Schmach. Die Zigarre des Apothekers schmeckte ihm auch nicht mehr. Er drückte sie sorgfältig aus und steckte sie in die Jackentasche, trank sein Bier aus und trottete mißmutig zur Scheune am Eichenwäldchen.

Nach einer Woche war er so weit heruntergekommen, daß er sich wieder in den Postbräu wagte. Seinen Bademeistern jedoch ging er aus dem Weg.

Er traf sie doch noch einmal.
Es brach die Zeit an, in der Leute seines Schlages kurzerhand in ein Arbeitslager gesteckt wurden.
Die vier Freunde holten ihn bei Nacht und Nebel aus der Scheune beim Eichenwäldchen und brachten ihn in das nahegelegene Kloster, wo er einen festen Wohnsitz fand und sich noch einige Jahre mit dem klösterlichen Brennholz beschäftigte.
Sein Bett in der Knechtkammer soll er jedoch nie berührt haben.
Wenn man aber weiß, daß das Kloster damals schon die größten Heustadel in der ganzen Gegend besaß, ist das nicht weiter verwunderlich.

Vom Aberglauben

*Da Dorfpfarra, der Menschnhirt,
erkennt zu seim Entsetzn,
de meistn Schaf ham se vairrt
und glaubn an falsche Götzn.*

*Er spannt s scho seit geraumer Zeit,
von Dog zu Dog wead s schlimma,
da Abaglaubn macht se breit,
des leidt er einfach nimma.*

*Scho in da Mess am Sonntag drauf
geht er, daß d Treppn wacklt,
mit festem Schritt zur Kanzl nauf,
und jetzt wead ned lang gfacklt:*

*»Geliebte Christn allerseits!
Glei weads a bisserl staubn,
ihr kochts ma s arg, es is a Kreiz
mit eiam Abaglaubn.*

*Ihr buidts eich ei, juckt s in de Händ,
und wenn eich d Ohrn klinga,
daß dann da Geldbriafträga rennt,
und daß d Gedankn springa.*

Juckt eia Nosn beischpuisweis
– ja, seids denn ihr ned gscheida –
dann glaabts ihr, dafrogts wos Neis.
Naa! So gehts s nimma weida!

I rat eich dringend, liabe Leit,
daß ma ned zammarucka,
gehts hoam und waschts eich amoi gscheid,
dann is glei Schluß mitm Jucka.

Da Pfarra gibt ja doch koa Ruah,
drum waschn s Gsicht und Pratzn.
Bloß oans setzt eahna jetzt no zua:
die Angst vor schwarze Katzn.

Wirtschaftswachstum

Für d Schüler wead s Lebn oiwei schwera!
Vom Wirtschaftswachstum konn ma hörn,
drum frogt im Unterricht da Lehra:
»Wer von eich konn des Wort erklärn?«

Drauf moant da Lechner Anderl glei:
»Da Postwirt baut an sei Lokal
a Brotzeitstüberl und an Saal.
Des miaßt a Wirtschaftswachstum sei.«

Da Aufsatz

Da Lehra grantld umanand.
A Sonnaschein liegt überm Land,
de andern führn an Hund spaziern,
und er muaß Aufsätz korrigiern.
Der Arme sitzt am Tisch und schwitzt,
und wia er grod an Rotstift spitzt,
do foid sei Blick aufs Aufsatzblattl
vom Reserl, einem gscheidn Madl:
» . . . und droben auf der Moseralm,
da jodelt zwischen Küh und Kalm
ins Tal hinab mit frohem Sinn
die brotascherte Sennerin . . . «
A Sennerin, die »brotaschert«?
Des hod der Lehra no ned gherd.
Er suachd mit mürrischem Gebrumm
im Lexikon, im Duden rum,
er findts ned, olles is umsunst;
er is am Ende seiner Kunst!
Bringt er s ned raus, gibt s in da Klass
womöglich morgn an Riesenspaß.
Sacklzement, a soichas Gfrett.
Wenn er doch bloß a Ahnung hätt!
Weil eahm des Jammern nix bedeit,
geht er zum Reserl seine Leit.
D Muatta frogt n nach seim Begehr
und sogt: »Geh, gebn S den Aufsatz her!
Wos macha S denn bloß für a Wesn?
Des konn ma doch ganz deitlich lesn.
I moan, do steht doch klipp und klar,
daß d Sennerin broadorschad war!«
Da geht der Mann betrübt nach Haus.
Ja, auch ein Lehrer lernt nicht aus!

Die Kirchweihgans

Eine Kindheitserinnerung

Unsere Familie lebte im Isartal. Vaters Malergeschäft ging zwar gut, meine Eltern mußten trotzdem rechnen und sparen, denn wir waren fünf Kinder.

Auch wenn es höchstens dreimal in der Woche Fleisch gab, entbehrten wir nichts, meine Mutter war nämlich eine ausgezeichnete Köchin. Grießschnitten mit selbst eingekochtem Himbeersirup zum Beispiel haben mir nirgends besser geschmeckt als bei ihr. Zu Festtagen jedoch stürzte sie sich in Unkosten und bereitete uns ein üppiges Mahl.

Aber je länger der Krieg dauerte, um so schwieriger gestaltete sich die Beschaffung eines Festtagsbratens.

Da wurde Vater zur Hilfspolizei eingezogen und in einem sieben Kilometer entfernten Dorf auf der anderen Isarseite stationiert. Sein Zimmer in der dortigen Dienststelle benützte er selten. Lieber verbrachte er seine Freizeit bei uns, obwohl der Weg, den er mit dem Rad zurücklegen mußte, ziemlich mühsam war. Durch den Wald führte die Fahrstraße in weiten Serpentinen hinunter an die Isar und drüben genauso wieder hinauf, eine andere Verkehrsverbindung gab es nicht. Bergauf nahm Vater herüben und drüben meistens den schmalen, steilen Fußweg.

So verlief unser Familienleben trotz seiner Einberufung weiterhin normal.

Eines Abends sagte Mutter nachdenklich: »Es geht auf Kirchweih zua, und mir foit nicht ei, wia mir zu am Gansbratn kumma.«

»I denk aa scho dauernd nach«, meinte Vater.

Da kam ihm der Zufall zu Hilfe. Auf einem Dienstgang kam er mit einem Bauern ins Gespräch, der ihn direkt fragte, ob er in seinem Haus an einem dienstfreien Tag die Küche streichen wolle.

»Farbn san schwer zum beschaffn, und seit mei Gschäft zua is, kriag i gor koa mehr«, wich Vater aus.

»Du sollst as ja ned umasunst macha, i zahl dir, wos d valangst.«
Vater schwieg und betrachtete die Gänseschar, die dem Stall zulief.
»A Gans konnst aa ham«, schlug der Bauer vor.
Vater zierte sich noch ein bißchen, was er vorhatte, war schließlich Schwarzarbeit, doch dann willigte er ein.
Eines Tages fuhr bei uns ein Traktor vor, der Farben abholte. Vater, diesmal in Zivil, radelte hinterher.
Der Kirchweihbraten schien gesichert, da stellten sich neue Schwierigkeiten ein. Der Bauer kam nicht in unsere Gegend und konnte die Gans demzufolge nicht bringen. Vater, der immer nur mit einer schmalen, schwarzen Aktentasche unterwegs war, wäre mit einem Rucksack aufgefallen und der nächste dienstfreie Tag war erst nach Kirchweih fällig.
Schweren Herzens erklärte Mutter sich bereit, meine Schwester und mich zu schicken. Wir stimmten begeistert zu, mit unseren dreizehn und vierzehn Jahren waren wir einem kleinen Abenteuer nicht abgeneigt.
»Zur Isar könnts d Abkürzung nehma, aber drübn gehts ihr d Fahrstraß nauf, der Waldweg is zu gfährlich«, schärfte sie uns ein.
»Der Hof rechts nebn da Kirch is s, der is leicht zum findn. Do richts an scheena Gruaß von mir aus. Aber sonst sagts neamads, wo ihr her seids«, erklärte der Vater.
Mutter bat ihn, seinen Dienstweg so einzurichten, daß er wenigstens auf dem Rückweg bis zur Isar in unserer Nähe war.

Am nächsten Tag nach dem Mittagessen brachen wir auf. Die Sonne schien, doch es war nicht zu warm. Ein herrliches Wetter zum Wandern, fanden wir, und fürchteten uns auch nicht, als wir auf der anderen Isarseite die Serpentinen hinaufgingen und allmählich in eine Gegend kamen, die uns fremd war.
Die Wegbeschreibung hatten wir uns eingeprägt und fanden das Dorf, die Kirche und den Bauernhof ohne Mühe.
Dort bestellten wir Vaters Gruß. Die Bäuerin packte uns die Gans in den Rucksack, drückte uns ein Butterbrot in die Hand

und schenkte Limonade ein. Nach einer kurzen Rast machten wir uns auf den Heimweg.

Am Dorfende erwartete uns Vater. Er schob das Rad neben uns her, und wir unterhielten uns angeregt, bis er plötzlich wie angewurzelt stehenblieb. Von vorne kam eine Frau mittleren Alters quer über die Straße direkt auf uns zu.

»Ja, sog amoi, Schandarm, wo host denn die Deandl aufgabelt? San des am End gor Streunerinna? Manche Eltern san wirklich nix z neidn mit eahnam Nachwuchs!«

Sie schaute Vater fragend an, der ernst mit dem Kopf nickte. Was hätte er auch sagen sollen! Daß er seine eigenen Töchter zum Hamstern schickte?

Auf meine Schwester und mich warf sie einen geringschätzigen Blick, ehe sie weiterging.

»Hoffentlich san ned mehra Bekannte unterwegs!« wünschte Vater.

In einer unübersichtlichen Kurve unterhalb einer kleinen Kapelle nahm er uns den Rucksack ab. Er hatte einen kleinen Laib Landbutter »organisiert«, den er aus seiner Aktentasche nahm und zu der Gans legte. Mit beiden Händen wühlte er im Rucksack, um den Inhalt gleichmäßig zu verteilen und war so beschäftigt, daß er zwei Ehepaare übersah, die sich von hinten näherten. Einer der Männer ereiferte sich: »Is denn so wos möglich! Jetzt filzn die Kerl scho Kinder! Schama daad i mi, schama bis unter d Haut!« Die vier traten neugierig näher und Vater blieb keine andere Wahl:

»Wenn S ned sofort schaugn, daß S weidakumma, nimm i Eahnane Personalien auf!« Das half. Sie schimpften zwar laut, aber sie entfernten sich.

Nun wurde es Vater zu bunt: »Wißts wos, gehts voraus, i kumm in am kloana Abstand nach!«

Also marschierten wir los, und weil wir den schweren Rucksack abwechselnd trugen, brauchten wir nicht zu rasten und kamen zügig voran.

Eine ältere Frau ging an uns vorüber. Meine Schwester schaute

zurück und sagte: »Die is stehbliebn und schaugt uns nach. Da Papa duad, ois miaßt ers Radl aufpumpn.«
Nun drehte auch ich mich um und sah diese Person auf Vater zulaufen. Er sprach mit ihr, setzte sich auf sein Rad und war schnell bei uns.
Er ahmte ihre Stimme nach: »Also Eltern gibts, die lassn eahnene Kinder muttaseelnalloa in da Gegend rumlaffa. Eisperrn miaßad ma solche! Sie solltn Eahna um de zwoa Mäderl da vorn kümmern. Heizudog laft ja so vui Gsindl umanand!«
Schließlich sagte er ärgerlich: »Jetzt langts ma!«
Bei den Serpentinen, die zur Isarbrücke führen, gab er mir sein Fahrrad. »Jetzt warts, bis i in da Abkürzung vaschwundn bin, dann fahrts los!«
Gesagt, getan. Ich schnallte mir den Rucksack vor den Bauch, meine Schwester setzte sich auf den Gepäckträger, und in halsbrecherischem Tempo nahmen wir die Kurven.
An der Brücke warteten wir auf Vater, der aufatmend sein Rad entgegennahm und sich von uns verabschiedete.
Der Rest des Weges war uns vertraut, und wir kamen gut nach Hause.
Vater meinte hinterher: »Liaba iß i am nächstn Feiertag a gstökkelte Muich, bevor i no amoi oans von meine Kinder auf an Dienstgang mitnimm!«

Naherholung

Da Städter braucht, vom Gstank bedroht,
a Naherholungsangebot.
Da Landkreis hod in a poor Weiha
oiß neisaniert, wos guad und teia;
do pritschelt se da Mensch jetzt gsund,
vorausgesetzt, er hod koan Hund.
Dein Zamperl deafst, gehst bloß spaziern,
ned amoi an da Leine führn,
und ganz enorme Strafn wingga,
laßt ma sein Hund vom Weg aus tringga. – –
Zum Landkreisweiha bin i kumma,
do san glei achtzehn Anterl gschwumma.
Wos macha die jahraus, jahrei,
hob i mir denkt, in s Wassa nei!
Sogn S am Herrn Landrat nix, der droht
de Viecherl sonst mit Schwimmverbot!

Umweltschutz

Die Ämter san für Umweltschutz,
weil s die Gefahr von Rauch und Schmutz
jetzt oiwei mehr erkenna.
Drum deaf i meine dürren Zweig,
vom letztn Obstbaumschnitt des Zeig
im Gartn ned vabrenna.

Und wer die Vorschrift ned beacht,
der wead sofort zur Anzeig bracht,
des sagn s da unumwundn.
Er stört mi arg, der Reisigstoß.
Doch heit wead i des Glump no los,
i hob a Lösung gfundn.

Im Isarkiesbett nauf und nauf
lodern s bis spät in d Nacht nei auf,
die Grill- und Lagerfeia.
As Amt erlaubt s zur Sommerzeit
und glaubt, daß do koa Umwelt leidt,
as Wuid ned und da Reiha.

Mei Hoiz fahr i zur Isar naus,
pack Würschtl und Gewürze aus,
und oiß ganz vorschriftsmasse.
A zünftigs Feierl mach i glei.
I häng bloß meine Würschtl nei,
und neamd bitt mi zur Kasse.

Treue Huif

Sie warn zu sechst beinander
und oane wia de ander,
drum hob i ned lang gschaugt.
I hob hoid oane gnomma,
und so is s zu mir komma.
Gspannt war i, obs wos taugt.

Sie hod ihrn Dienst oogfanga.
Is olles recht guad ganga.
Zerst hob i s überwacht.
Pünktlich und regelmäßig,
sauber und zuverlässig
hods ihra Arbad gmacht.

Sie war – i sogs ganz ehrlich –
ganz einfach unentbehrlich,
mei beste Huif. Ja, gwiß!
Genügsam wars, bescheidn
und oiwei guad zum leidn,
wia s bei mir gwesn is.

Es san de Johr vastricha.
Ihr Kraft is langsam gwicha.
Sie war hoid scho recht oid.
Von Dog zu Dog wars schlimmer,
jetzt duads koan Schnaufer nimmer,
is regungslos und koid.

Naa! Mir is ned zum Lacha.
Wos soi i jetzt bloß macha,
wo i so traurig bin.
Neamd hod mi so entlastet,
denn sie hod seltn grastet,
mei oide Waschmaschin!

Sperrmüll

Ja, grüß Gott, Frau Hiebl. So, tun ma auch a bisserl frische Luft schöpfen? Ich bin aufm Weg zu meiner Schwiegertochter. Die drei Jüngsten, Sie wissen schon, da is die Omi als Kindsmagd recht gern gsehn.
Ach so, Sie meinen, ich geh jetzt in die falsche Richtung.
Wissen S, sie sind recht anstrengend, die Kleinen und mei Mann braucht auch eine Unterhaltung, seit er pensioniert ist, das ist eine ziemliche Belastung. Aber ich sag immer, ein Spaziergang ist das Allerbeste. So ein beschaulicher Spaziergang bringt das zerknitterte Nervenkostüm wieder in Ordnung.
Aber jetzt fängt s zu regnen an. Ich glaub, ich muß umkehren, ich hab nämlich keinen Schirm dabei.
Warum sind bloß heut so viel Leut auf der Straße? Ach so, morgen is ja Sperrmüll. Ja, schaun S bloß, was die Leut alles wegwerfen. Des Schrankerl is doch noch pfenninggut. Die Jugend von heut braucht nimmer sparen, des war zu meiner Zeit anders. Also mein Jüngster hat beim letzten Sperrmüll einen Fernseher gfundn, der is noch eine ganze Zeit gangen.
Mia selber brauchen so was nicht. Man hat ja alles. Unsern Fernseher hat der Alois – des is mein Mann – zur Pensionierung kriegt. Ein Farbfernseher, der Chef hat sich nicht lumpen lassn.
Da – schaun S die Gartenstühl an. Freilich, Kunststoff hat ma heut nimmer. Aber zum Weggwerfen sinds doch viel z schad.
S hat aufghört zu regnen. Ich geh noch a Stückerl mit Ihnen.
Da – da vorn stöbern a Mann und a Frau in anderer Leut Abfall rum. Am hellichten Dog! Daß sich die ned schaama! Mir täts grausen, was mit heim z nehmen, was fremde Leut schon runtergwohnt ham.
Jetzt so was! Die Rieders schmeißen ihr Waschmaschin weg! Für neue Elektrogeräte ham s a Geld, aber beim Metzger lassn s anschreiben.

– – –

Das is ja interessant! Da is a Stehlampenfuß, zu dem a Lampenschirm paßt, den ich in da Poststraß gsehn hab. Da drin wohna feine Leut, des sieht ma.
Ich muß schnell zu meiner Schwiegertochter. Mein Enkel, der Rudi, muß glei mitm Handwagerl losfahrn und die Sachen holn, bevor s weg sind.
Gell, Sie entschuldigen scho, Frau Hiebl. Auf Wiedersehen!

s Ahornbaamerl

Da oide Friedhof is vui z kloa,
drum baun s an neia her in d Gmoa.
Vom Dezernat da Referent
is ollaweil im Friedhof drent,
wo da Herr Gartenarchitekt
Baam pflanzn laßt und Nummern steckt.
Da Burgamoasta, schwer auf Trab,
kummt jeden Dog mitm Meterstab
(es steht ja aa vui Publikum
zwischen de neia Grobstelln rum).
Da Warteraum für d Ewigkeit
ist boid drauf aufnahmebereit.
Koan Menschn siehgst mehr geh und steh,
und leise foit da erste Schnee.
Dann blost da Sturm im Friedhof rum
und legt a Ahornbaamerl um.
Armselig, wia s am Bodn dort flackt,
die Krone eidruckt, d Wurzeln nackt.
Am Burgamoasta sogn s es wohl,
daß er an Gärtner schickn soll,
doch er bearbad erst amoi
sei Umweltschutzprogramm für d Woih.
Vom Tag des Baums da Filmbericht
wead vorgführt, drum gehts wieda nicht. –
Koid weads! Da Frost hod in da Nacht
dem kloana Baum an Garaus gmacht.
Staad is er gstorbn, doch s is ned schlimm.
A Baamerl hod koa Wählerstimm!

D Trambahn

Wenn s aa im S- und U-Bahnkreis
Trambahna eigeh lassn,
no rumpelt s brav auf ihram Gleis
in München üba d Straßn.

Es gibt koan Gstank, koa Parkproblem,
koa Treppn muaßt bezwinga,
in d Trambahn konn ma ganz bequem
glei vo da Straß aus springa.

Ois U-Bahnfahra diaf im Schacht,
zwischn Beton und Plattn,
woaßt ned, ob s Dog is oder Nacht
im Neonliacht, im mattn.

Wos macht s scho, wenn an mancher Straß
d Ampl amoi z lang rot is;
am Feiaabnd da Stau so kraß,
daß s manchmoi fast a Not is,

wer Trambahn fahrt, der laßt se Zeit,
konn seine Nervn schona.
Er schaugt in d Gegend und auf d Leit
und hoit auf Traditiona.

Heid baun s und plana s voglwuid.
Wos wead no olles kemma!
A Trambahn ghert zum Münchner Buid,
drum deaf s uns koana nehma!

20

Mei Metzgaladn

Scho lang kenn i die Metzgerei
mit ihram kloana Laderl.
Mit meina Muatta bin i nei,
do war i no a Maderl.

Da Chef bedient oan manchesmoi,
a Kloana is s, a Gschwinda.
Er kennt im Umkreis jeden Stoi
und olle Säu und Rinder.

Wennst ab und zua gern Eier ißt,
bei eahm kriagst bloß de teuern.
Dafür scharrn d Henna no im Mist
dahoam in Niederbayern.

As Geschäft is ganga, konn ma hörn.
D Behörde hods vadrossn.
Da Ladn war eahna z unmodern,
drum ham s n kürzlich gschlossn.

An neia Ladn gibts mit vui Licht,
bis unta d Deckn Fliesn.
Doch s Rind, des da Vakäufer richt,
war nia auf ara Wiesn.

Im Schlachthof kaft da Metzga d Säu
aus Massnzuchtanstoitn,
und Suppnhenna friert er ei,
de s in Batterien ham ghoitn.

I wünsch ma für mein Sonntagsbratn
a Viehzucht, de normal is,
drum fehlt er mir, mei oida Ladn,
aa wenn er z kloa und z schmal is.

Da Fluß

*A friedlichs Lebn wars, koa Verdruß
in Hundertn von Jahren
zwischn de Menschn und am Fluß.
Guad san s mitnanda gfahren.*

*Auf oamoi warn d Leit wia varuckt.
Mit Werkzeig und Maschina
san s auf sein nassn Pelz eahm gruckt:
Da Fluß muaß uns jetzt diena!*

*Wehre ham s baut, Pumpn montiert
und d Uferböschung gmauert.
Sogar sein Lauf ham s reguliert,
hod gor ned so lang dauert.*

*Schließlich, wia no da Damm erricht,
wars Trauerspui beendet.
A stolzer Fluß valiert sei Gsicht,
a Stück Natur is gschändet!*

*Es regnet zwoa Dog hintranand.
Vageblich ruaft die Wache,
as Wasser überflutet s Land.
Des is am Fluß sei Rache!*

Bavarian Alps

Bergbahna, Gondln, Sesslift
erhebn se über d Wipfe,
baggern vom Opa bis zum Stift
die Massn auf n Gipfe.

Wer drunt bleibt, geht ins Wellenbad
oder ins Pizzastüberl,
trifft se im »Kuahstoi« zu am Skat
und bstellt an Sekt im Küberl.

Warum da »Kuahstoi« Kuahstoi hoaßt
und s Nachbarhaus »Roßleitn«?
Die Hoteliers warn Bauern, woaßt,
des woin s uns damit deitn,

so, wia mitm Kummet überm Tor,
wo d Leuchtbuchstaben glanzn,
oder dem Hoizschubkarrn davor
mit Kapuzinerpflanzen.

»Hairstudio« hoaßt mas beim Friseur,
»Trachten-Couture« beim Schneida.
Koa Vieh gibts, koane Felda mehr,
nur Sportplätz und so weida.

Bergbahna, Gondln, Sesslift,
da Berg krankt und trogt Spuren.
Zum Dorf, wo Geld mit Nepp se trifft,
wälzn se breite Muren.

Fortschritt

*»Du, Mama, d Sonna scheint so schee,
i mechat aufn Spuiplotz geh!
Du sogst, s liegn Strahln überm Land,
vaseucht san Wiesn, Sträucha, Sand,
i muaß auf n Asphoit,
weil se dort s Gift ned hoit.*

*Kiah bleibn im Stoi und kriagn bloß Hei,
so kummt koa Jod in d Milli nei.
Laft s Hennavolk im Gartn rum,
legt s Oar, de san voi Cäsium,
und so a Becquerel,
des siehgst und riachst ned, gell!*

*Sogar am Struppi wasch ma d Fiaß.
Zum essn gibt s bloß Büchsngmias.
Im Abfall landet da Salat.
s konn sei, daß der a Strontium hod;
s is neamad dafür grüst',
daß ma des sofort mißt.*

*Mama, du sogst, ma braucht s Atom,
es geht ned ohne Kernkraftstrom,
drum wean die Werke weidabaut,
aa wenn s uns oans um d Ohren haut.
Warum, Mama? Warum?«
»An Fortschritt brauch ma. Drum!«*

EG

Da Hofer Bepperl is recht schlau,
drum interessiert n d Tagesschau,
und wenn er wos ned glei kapiert,
dann wead da Papa strapaziert:
»In Brüssel macha s so a Gschiß,
woaßt du, wos s Wirtschaftswachstum is?«
Da Papa sogt: »Do setz di her,
daß i s am Beispui dir erlär!
Setzt ma am Gros Kraftfuatta zua,
holst mehra Milli aus da Kuah,
vom Überschuß wead Butter grührt
und Trockenmilli fabriziert.«
Da Bepperl moant: »S Wachstum is nacha
des Gschäft, des s mitm Butter macha!«
»Mei, Bua, des waar ja ganz wos Neis,
den exportiern s zum Schleiderpreis.«
Da Bepperl schaugt zum Papa nüber:
»Na bleibt bloß d Trockenmilli über!«
Da Vatta sogt: »Bevor se s handeln,
dean se s zu Kraftfuatta vawandeln,
und de wead vo de Bauern kaft,
weil d Milli na vui besser laft!«
»Ja, muaß des sei?« frogt drauf da Bua,
Kuahmilli gibt s doch so scho gnua!«
»Du Tschapperl, schau, des is s ja ebn,
dann daads koa Wirtschaftswachstum gebn!«

Einheimischenmodell

Ma gwinnt im Kommunalen
mitm Wohnungsbau de Bürga schnell.
Is ma mit Planungen zur Stell
für a Einheimischenmodell,
des is modern und originell
und zoihd se aus bei Wahlen.

Jetzt braucha s Intressentn:
A Ehepaar, des drunta foid,
soi Kinda ham, die no ned z oid,
koa Kapital, a niedrigs Ghoit,
koa Oma, de was zuawezoiht ;
an de wui ma se wendn.

De Sach hod bloß oan Fehla:
De kaffa kanntn, deaffa ned,
de deaffadn, de kenna ned.
Jetzt überlegn d Gemeinderät,
wenn s auf de nächste Wahl zuageht,
wia sogn s es ihre Wähla!

Kapitalanlage

*Die Raubritter vom Fiskus linsn
aa aufn Sparer seine Zinsn.
Die vom Finanzamt kanntn grinsn,
und mei Vermögn gang in d Binsn.*

*I hoi mei Sparguadhabn glei
und kaaf an Fuaßballspieler ei.
Wenn i den an an Club valeih,
kummt glei a Hauffa Zaster rei.*

*Anlagegüter, die recht teia,
die konn ma abschreibn vo da Steia.
Do guit da Fuaßballspieler Meia
ois wia a Pkw, a neia.*

*Und hob i s Geld, konn no oan kaffa,
laß i an zwoatn Spieler laffa.
Auf die Art laßt se leicht im Schlaffa
a steuergünstigs Gerstl schaffa.*

*Da Menschnhandl waar vaschwundn,
moants ihr, do gabat s koane Kundn.
Den ham vor mir in schwarze Stundn
scho andre »Sportsfreunde« erfunden!*

Politik

Wenn die Partein in unserm Land
wia s do san, olle mitanand,
mit eahnam Geld, der Masse Zeit,
der Redekunst vo manche Leit,
der Ausdauer und aa der Kraft
und mit der gleichn Leidnschaft,
mit der sa se, es is scho wohr,
oozwidern über s ganze Johr,
daß s oft a Sünd is und a Schand,
ned gegen –, sondern mitanand
oopacka daatn, und zwar gscheit,
gega die Arbeitslosigkeit,
s Woidsterben, s Gift in Fluß und See,
die Mißwirtschaft in da EG,
kaam aa da Tierschutz zu seim Recht –
des waars, wos i ois Bürga mecht.

Jaga

Früha
in da Stoazeit, lang is s her,
war bei uns as Lebn recht schwer.
Domois ham s mitm Stoapfluag g'ackert,
barfuaß warn s und ziemlich nackert.
Guad war a Familie dro,
hod a se wos traut, da Mo.
Er is mit da Keule ganga
vor da Winterszeit, da langa,
ganz alloa durch Woid und Flur,
daß a Fleisch hoambringt für d Sur.
Er war ned aufs Jogn vasessn,
doch d Familie braucht wos z essn.
D Wuidsau rennt im Schweinsgalopp
aus m Untahoiz nonstop,
aus m Mei rinnt ihr da Geifa.
Jetzt packt unsan Mo da Eifa,
er stürmt vor und woaß genau,
gwinnt er ned, ghert er da Sau.
Grunga hod a, d Keule gschwunga
und des schwere Viech bezwunga,
zarrt s glei hoam zu seine Leit.
An dem Mo hod ma sei Freid!

Heid
sogt da Hausherr zu da Magd:
»Leni, i fahr naus auf d Jagd.
Bringa S ma as Gwahr und meine
Stiefe, Fernglos, Hundeleine!«
D Leni trogt eahm olles naus,
da Mercedes steht vorm Haus.
D Frau sogt: »Dua dein Anzug schonen,
ham ma n doch erst kaft beim Konen!«
Furt fahrt er mit frohem Sinn,
und da Hund hockt hintndrin.
Auf seim Hochstand liegt a Kissn,
denn sei Bandscheibn is vaschlissn,
außerdem hod er no d Gicht.
Doch jetzt specht a, ob a s siecht,
so a arms, unschuldigs Wesn,
des an n Woidrand kummt zum Äsn.
Waidmannsheil und Halali!
S Büchserl kracht, da Bock is hi.
D Leni steckt mit leism Fluacha
eahm dahoam in d Tiefkühltruacha,
denn es liegn scho andre dort.
Lustig is der Jagasport!
Braucht ma doch koa Kraft entfoitn,
sondern bloß as Jagdgwahr hoitn!

D Abteilung

(Ähnlichkeiten mit wahren Begebenheiten
sind unvermeidlich)

Da Binder Korbi arbad gern,
drum hod er in am Großkonzern
– zwanzg Johr mogs her sei oder mehr –
oogfanga mit da Kaufmannslehr.
Des beste Zeignis ham s eahm gschriebn;
gern is er in da Firma bliebn.
Gschinaklt hod er bis in d Nacht,
und langsam hod er s zu wos bracht.

Die Firmenleitung schickt an Mo,
der schaugt s Büro vom Korbi oo:
»Macht dieser Koofmich, dieser kleene,
den jroßen Laden janz alleene?«
Er hod ned umanandadruckt,
eiskoid s Gebiet vom Korbi gschluckt.
Prompt sogt da Chef: »Wenn dem so ist,
dann wird der Knabe Prokurist!«
D Zeit rinnt, und wias da Deife wui,
dem Preißn wead de Arbad zvui.
Vom Korbi weicht a großer Druck,
er kriagt d Abteilung wieder zruck.

S hod oana vo de höhern Herrn
an Mann aus Österreich recht gern.
Herr Georg engagiert vom Fleck
aus Wien an Dr. Hadlicek.
Da Weana sogt: »Geh, Schurli, heast,
wos nutzt da Titl, wannst nix weast!«
Der schiabt eahm drauf in olla Ruah
am Korbi sei Abteilung zua.
Drauf sogt da Chef: »Wenn dem so ist,
dann wird der Knabe Prokurist!«
Da Hadlicek legt los, und wia.
Zerst gibt er se de größte Miah,
er legt se nei mit ganzer Kraft.
Nach kurzer Zeit scho is er gschafft:
»Die Arbad macht mi ganz marod.
Ja, des geht ned, du liaba God!«
Vom Korbi weicht a großer Druck,
er kriagt d Abteilung wieder zruck.

»Bloß oans«, moant er, »des is scho Mist:
Worum wea i ned Prokurist?«
O Korbi, weil scho s Sprichwort sogt:
Da Pfennig guit nix, wo ma n schlogt!

Jet-set

Ma is is erst dann a Frau von Welt,
wenn ma zur Bussigsellschaft zählt,
sich langweilt in der Bar, im Lift
und hofft, daß ma Reporter trifft.
Am Abend geht s von Fest zu Fest.
Uuh, is do mancher overdressd,
so wia do drübn da Jussi,
mmm, Bussi.
Beim ersten Schnee, gschwind wia da Blitz,
trifft ma se drobn in St. Moritz.
Du fallst bloß mit deim Styling auf.
Zum Skifahrn kummt ma gor ned nauf,
mit am Pullova bis zum Knia
und enge Stieferl gangs aa nia.
Da Toni kummt mit Gspusi.
Mmm, Bussi!

Der Duft! Aha, nimmt der jetzt aa
*des »Opium« von Sa Loraa.**
Is im Flacon dann nix mehr drin,
kafft er a Flugticket nach Wien,
weil er s, aa wenn er gor ned fliagt,
im Duty-Free-Shop günstig kriagt.
Sonst lassen se de oidn Knicka,
wos s braucha, glei in d Wohnung schicka,
wenn s gang, daatn die koan Schritt mehr laffa
und s Suppengrün durch Fleurop kaffa.
Nach Lanzarote fliagt da John
zum Tennisspuin im Sheraton,
weilst überhaupt nur jemand bist,
wennst öfter auf a Insel düst.
Aus Amman kummt da Hussi.
Mmm, Bussi!
I glaub, i hoit jetzt bessers s Mei,
am End ladn s mi sonst nimmer ei,
und deshalb kumm zum Schluß i.
Mmm, Bussi!

* *Saint Laurent*

Dallas

*D Frau Müller hockt in ihre Wänd,
wo s nix wia Miah und Arbad kennt.
Bloß wenn as Fernsehn »Dallas« bringt,
a Lichtblick in ihrn Alltag dringt,
weil ihra des ganz bsonders taugt,
wenn s auf die Not von andre schaugt.
Da größte Lump is da Tschäi Ar,
macht olle Leit as Lebn recht schwaar.
D Miß Ellie geht ganz schee am Stock,
seitdem a gstorbn is, ihra Tschok.
Da Bobby, brav und herzensguat,
macht seina Muatta wieda Muat.
Gschlogn is der aa mit seiner Pem.
Oft hod ma s Gfuih, de is plemplem.
D Lusi, der Fratz, fast no a Kind,
schaugt, daß s an Mo fürs Lebn findt.
Oiwei gehts schiaf, und ihr Geheul
nervt oft die ganze Juing Oil.
D Su Elln is aa a armer Mensch.
Ihr gfoits ned auf da Sausfork-Ränsch,
doch da Tschäi Ar, der pfeift ihr wos,
drum fuadert s oiwei wieda noß.
Wenn s bloß ned gor z lang dort bleibn daad,
do werad »Dallas« ganz schee fad.
De Seitnsprüng, de Streiterei
bringa doch erst a Spannung nei,
und eahna Kloana, da Tschon Ross,
wead gwiß aa ohne Däddi groß.
D Frau Müller hofft, daß s weida lafft
und s Fernsehn olle Folgen kafft.
Wenn d Schlechtigkeit aa dominiert,
die Hauptsach is, daß se wos rührt!*

Musikkritik

Konzert is, doch i kumm ned hi
und hätt so vui Intresse.
Wias war in da Philharmonie,
dafrog i aus da Presse:

»Es is koa Zammastand beim Spui
durch d Schuld vom Dirigentn.
S gibt koa Glissando und koa Gfuih.
S Desaster wui ned endn.«

»Unkonzentriert und reichlich trist«,
muaß i dann weida lesn,
»zoagt se vor allem da Solist
und gstarrad wia a Besn.

Unsicherheit im vierten Satz,
Höhn muaß ma ganz vamissn.«
War wohl da ganze Abnd für d Katz.
Da Kritiker muaß s wissn!

»Ned endn wui da Schlußapplaus.
Oa Rauschn is s und Brausn!«
Zwoatausend Menschn warn im Haus,
und olles nur Banausn!

In da Oper

Ois erstes geht da Vorhang nauf,
und s tritt a junga Ritter auf.
Er singt a Arie laut und schee:
»Wo ist mein Schatz? Mein zartes Reh?«
Danach kummt a Zwoazentnerfaßl.
Es is »das Reh«, ja, so a Massl!
Doch sieh, der Vater nahet schon,
er wui an andern Schwiegersohn,
es is eahm ernst, do gibts koan Zweife,
drum jogt den Ritter er zum Deife.
Das »zarte Reh« voi Liebesschmerz
rennt se as Messer tiaf ins Herz;
scho haut ses hi. Sie röchelt glei:
»Zu Hilf! Ich sterb! Oh, eilt herbei!«
Doch ned da Notarzt tritt hervor,
naa, jetzt kummt zerst da Opernchor.
»Sie stirbt! Sie stirbt« hallts laut durchs Haus,
doch koana ziahgt ihr s Messer raus.
Da Vatta kummt. Er konns ned fassn:
»Sprich! Warum hast du mich verlassn?«
Sie konns ned sogn, warum s so ist,
denn des woaß bloß da Librettist.
Da Vatta stützt sich voller Gram
auf den vasteßna Bräutigam.
Na starrn s auf die vablichne Gstalt.
As Stück is aus, da Vorhang fallt.
Nix geht – des oane sog ich eich –
üba a scheene Opernleich!

Schloßkonzert

A Mensch, dem sei Kultur wos wert,
muaß ab und zua ins Schloßkonzert.
Es gibt heid kaum no an Palast,
der d Musiker ned einelaßt.
Im Grund bin i scho aa dafür,
doch hoff i, s geht eich ned wia mir:
Im Ahnensaal ham d Kerzn gleicht,
so an die dreißig Stück vielleicht,
Lehnstühl hods gebn für Ehrengäst,
auf harte Sitzbänk is da Rest
vom Publikum ghockt voller Qual
wia in am Bahnhofswartesaal.
Vorn musiziern sechs Herrn im Frack,
von hintn ziahgts recht frisch in s Gnack,
zuagehts, ois waar Parteiverkehr,
Besucher gehnga hin und her,
dafrogn, wos oiß gern wüßten
von Gobelins und Büsten.
Aus schwerem goldnen Rahma schaut
der Graf, der einst as Schloß erbaut,
a finstara, a harba.
Sie rauna leis: »Rhabarba . . . «
Bewundern woin s n, des is klar,
wenns bloß ned grod beim Largo waar!
Jetzt packt gor oana d Brotzeit aus,
doch, Gott sei Dank, na tritschln s naus,
vorn spuin s grod a Andante,
und i wea schee staad grante.
Wias gor is, duad ma s Sitzfleisch weh.
I denk, wia i zum Ausgang geh,
die scheenste Musi is nix wert,
wenn so vui zammkummt, wos oan stört.

Rom

In Rom kummst schnell an olle Stättn,
vor allem, wennst an Bus benützt.
Rennfahrer ham s, i trau mi wettn,
wenn die auf s Gas steign, nacha schwitzt.

Am Tiber, nach am Weg, am langa,
hob i in d Engelsburg neigschaut.
Zwoatausend Johr, ganz nah, zum Glanga,
do geht Geschichte unter d Haut.

Da Petersdom in seiner Weitn
beeindruckt oan, ned nur ois Christ.
Im Vatikan ham s Kostbarkeiten,
die ma sei Lebdog ned vagißt.

Im Kolosseum bin i gwesn.
Wo jetzt a Katzerl friedlich schlaft,
do is vielleicht da Titus gsessn,
und drunt ham Gladiatoren grafft.

Rom waar so schee. Bis auf d Fassadn,
für so wos Schiachs hob i koan Blick.
Wenn s die bloß runtaweißln daatn!
Es is am End ned ois antik.

Vom Kasperl und vom Herrn Weeßicknich

(nach Johann Peter Hebel, Kannitverstahn)

Da Kasperl, jung und voller Kraft,
is wieder auf da Wanderschaft.
Auf Schuasters Rappen muaß er reisn
und kummt dabei aa zu de Preißn.
Er siehgt an Park, gepflegt und groß,
und drin a märchenhaftes Schloß.
Wem ghert des? Er erkundigt sich.
Der, den er frogt, sogt: »Weeßicknich!«
A Wiesn kummt, die hert ned auf,
und Hunderte von Kiah san drauf.
Er frogt a Frau: »Wem ghert des Viech?«
Schnell kummt die Antwort: »Weeßicknich!«
Doch weil da Kasperl ned vasteht,
daß des grod hoaßt: »Des woaß i ned«,
drum is er grantig, und er denkt,
daß s Glück doch manchem olles schenkt,
wia dem Herrn Weeßicknich, dem Preißn,
und er hod meistens nix zum beißn.
A Unrecht is s, Schlippridibix,
de oan ham oiß, de andern nix!
Sei guade Laune is valorn.

Do kummt a Trauerzug von vorn.
Da Kasperl, wia ma s hoid so duad,
bleibt steh und ziahgt sein greana Huad,
und glei drauf frogt er an Passant,
wer in da Stood woih gstorbn sei kannt.
Und wieder hert er: »Weeßicknich!«
Do denkt der Kasperl so für sich:
Der Weeßicknich, der arme Hund,
is gstorbn, und i bin pumperlgsund!
Wos nützt des ganze Guad und Geld,
wennst geh muaßt vo der scheena Welt!
Er wandert weiter und is zfriedn,
aa wenn koa Reichtum eahm beschieden.

Urlaub dahoam

I
Schwammerlsuacha

Zur Schwammerlzeit lacht mia mei Herz
nach jedem warma Regen.
I schliaf in mein Ostfriesennerz,
heid gibts an Erntesegen.

Scho laßt a erster Sonnastrahl
sei Liacht zur Erdn fließn.
Regntropfa schimmern wia Kristall,
und Dampf steigt aus da Wiesn.

De erstn Reherl gehnga her
im Junghoiz auf da Kuppn,
dann Deiberl, es wern oiwei mehr,
jetzt langts scho für a Suppn.

A Riesenfliagnpuiz leicht im Moos,
trogt stoiz sein Schirm, sein gsundn.
An eßbarn Schwammerl, grod so groß,
hob i no nia oan gfundn!

Und oiwei weida geh i zua,
find Stoapuiz und Marona.
Wia wunderbar is doch d Natur,
wo Füchs und Hasn wohna!

Doch d Ruah is ned alloa mei Zui,
i schätz aa s Schwammerlessn,
wern Zwiebeln, Rahmsoß, Petersui
und Knödl ned vagessn.

II
Bergwandern

In olla Friah, wenn d Felder
no schlaffa unterm Tau,
im Friahdunst olle Wälder
vaschleiert san und grau,

mecht i vor allem andern
– s is oiwei s gleiche Liad –
in unsre Berg drin wandern,
dort, wo da Almrausch bliahd.

Vorbei an Gräbn und Rinna
gehts über Stock und Stoa
in lange Serpentina.
Drunt liegt da See ganz kloa.

Und bin i endlich oben,
fühl i mi froh und frei
und denk ma, do heroben
muaß s Paradies gwen sei.

Vor mir liegn Wälder, Wiesn
weit umanand im Kreis
und drüber Felsenriesn
im ewgen Schnee und Eis.

D Brotzeit wead vor da Hüttn
zum Festmahl in der Ruah:
Erbssuppn aus da Tütn
und Büchsenwurscht dazua.

Dann geh i langsam nunter,
da Abschied wead ma schwer.
Da Bergbach plätschert munter
a Stückerl nebn mir her.

III
Radlfahrn

Wia schee is doch a Radltour,
hautnah erlebt ma do d Natur!
Zwischen de Dörfer, aufm Land,
fahr i am liabstn umanand.
Wenn d Abendsonna golden leicht,
a Winderl über s Kornfeld streicht,
na foit da Alltag von mir ab,
vaschwindn d Sorgen, die i hab.
I schnauf im Woid die kühle Luft,
den herbn Hoiz- und Schwammerlduft.
Rennradlfahrer kumma gschwind.
Krummbucklt strampeln s her von hint.
Sie fahrn, ois gangs um Ehr und Preis,
und riacha nur den eigna Schweiß.
Bevor i schaug, san s furt, die Viere.
Für mi san des bloß arme Irre.
I fahr dahi und laß ma Zeit
und hob am Radlfahrn mei Freid,
schaug, wos am Wegrand oiß gedeiht,
und untahoit mi mit de Leit.
An kloana Stau gibts auf amoi,
a Bauer treibt grod d Kiah zum Stoi,
und i muaß obsteign. Weils ma paßt,
hoit i am Weiher kurze Rast.
Wuidanterl suacha unterdessn
im triabn Wasser wos zum fressn.
Fliagts, Anterl, fliagts! Deats ned z lang wartn!
Beim Wirt stehts auf da Speisenkartn!
Oa Antnpaar vaschwindt pfeilgrod,
i glaub, daß s mi vastandn hod,
und aa für mi weads langsam Zeit,
da Hoamweg is no ziemlich weit.

IV

Am Moorsee

A leichta Wind schlogt kloane Wellen,
staad liegt da See am Woid.
A Angler laßt sei Ruatn schnellen.
D Luft is no feicht und koid.

Doch s Kältegfuih is schnell vaflogen.
Mei Gwand liegt auf am Stoa,
und i schwimm in am weitn Bogen.
Da See ghert mia alloa!

Im Strandgasthof mit de Terrassn
san Gäst zur Sommerfrisch.
A Kaffeeduft steigt mir in d Nasn.
Da Ober deckt grod d Tisch.

Es liegt da Woid no fast im Dunkln
und hinterm Schilf as Moor.
Do – – tausend Diamantn funkln,
langsam kummt d Sonna vor.

Der Angler kennt an See seit Jahren.
Jetzt is da Spaß vorbei,
es kumma Badegäst in Scharen,
drum packt er d Ruatn ei.

Unheimliche Novembernacht

Auf der Autobahn in Richtung München herrschte an diesem Freitagabend starker Verkehr. Windböen peitschten den Regen gegen die Windschutzscheiben, Scheinwerferlicht floß auseinander und spiegelte sich im glänzenden Asphalt.
Im Mitsubishi war es warm. Die Scheibenwischer arbeiteten gleichmäßig. Christa Holzner schaute auf die Uhr. Noch eine knappe Stunde, dann war sie endlich daheim.
Da überholte sie wieder einer von diesen Kolossen mit Anhänger, deren Räder mit unerlaubt hoher Geschwindigkeit in Augenhöhe an einem vorbeidonnern.
Fast mechanisch lenkte die Fahrerin den Wagen nach rechts, und beim nächsten Ausfahrtsschild verließ sie die Autobahn, ohne zu wissen, wo sie sich befand.
Der Name des Ortes, den sie nach ein paar hundert Metern auf einem Schild las, war ihr fremd. Beim ersten Wirtshaus hielt sie an, schloß das Auto ab und ging in die Gaststube. Sie fragte nach einem Zimmer für eine Nacht, mit Dusche, wenn möglich, und wurde von einer älteren, rundlichen Frau, der Wirtin, wie sich später herausstellte, nach oben geleitet.
In ihrem kleinen Koffer befanden sich Kleidung, Nachtwäsche und alles, was sie benötigte, um sich frisch zu machen.
Zwei Autostunden von München entfernt arbeitete die sportliche Blondine als Lehrerin in einer Hauptschule in einem Marktflecken nahe der österreichischen Grenze. Sie wohnte bei einer netten alten Dame und kam außerhalb der Ferien selten nach München zu ihren Eltern. An diesem Wochenende gab es einen besonderen Grund. Ihr Vater feierte seinen fünfundsechzigsten Geburtstag.
Gerne wäre sie der Mutter bei den Vorbereitungen an die Hand gegangen, darum war sie abends noch losgefahren. Nun, wenn sie am kommenden Morgen zeitig aufbräche, käme sie auch noch zurecht. Zum Schlafengehen war es aber noch zu früh. Ihre

Neugier erwachte. Sie ging hinunter, um eine Kleinigkeit zu essen und sich umzusehen.
Die Gaststube war leer. Der Wirt erschien persönlich, um nach ihren Wünschen zu fragen. Er gab die Bestellung an die Küche weiter und ging hinter die Theke, um ein kleines Bier einzuschenken.
Ein großer, schlanker Mann betrat die Gaststube. Den Kragen seines Lodenmantels trug er aufgeschlagen, den Hut tief in die Stirn gezogen. Er setzte sich an den Nebentisch und bestellte einen doppelten Kognak, den er auf einmal hinunterschüttete. Er zündete sich mit fahrigen Bewegungen eine Zigarette an und starrte trübsinnig ins Leere, während das Regenwasser aus seinem Mantel auf dem Fußboden zu einer kleinen Lache zusammenlief.
Wieder öffnete sich die Tür. Der Mann, der nun eintrat, begrüßte den ersten kurz und nahm ebenfalls Platz. Die beiden führten ihre Unterhaltung so laut, daß jedes Wort zu verstehen war:
»Host oiß dabei?«
»Natürlich! Host ihra des Schlafpuiva gebn?«
»Ja. Wia i ganga bin, hods fest gschlaffa.«
»Guad. Dann geh i jetzt.«
»Moanst, du bringst as alloa naus?«
»Sicher. Gib ma d Schlüssl!«
Ein Schlüsselbund wechselte den Besitzer. Atemlos war Christa Holzner dem Gespräch gefolgt. Sie war fest überzeugt, daß die beiden Männer etwas Schreckliches planten.
Als der Zuletztgekommene das Lokal verließ, folgte sie ihm entschlossen. Draußen schlug ihr der Wind den Regen ins Gesicht. In wenigen Augenblicken war sie völlig durchnäßt. Allmählich gewöhnten sich die Augen an die Dunkelheit. Mit ihren leichten Schuhen bereitete es ihr keine Mühe, dem Mann schnell und geräuschlos zu folgen.
Plötzlich blieb er stehen. Sie huschte hinter einen Baum. Er hantierte mit den Schlüsseln und fluchte leise, als er nicht gleich den richtigen fand. Dann verschwand er in einem Garten. Der Regen hatte nachgelassen, es nieselte nur noch leise. Durch eines der

Fenster drang jetzt ein schwacher Lichtschein, aber es rührte sich nichts. Die Lauscherin glaubte, in dieser beklemmenden Stille ihren eigenen Herzschlag zu hören.

Da – die Haustüre wurde geöffnet. Mattes Laternenlicht schimmerte durch kahle Zweige und legte sich gespenstisch auf den Kiesweg, über den der Unbekannte eine von einem Sack oder einer Decke umhüllte Gestalt schleppte.

Er öffnete den Kofferraumdeckel eines Autos, das vor dem Garten abgestellt war und wuchtete mit großer Anstrengung seine unheimliche Last hinein.

Dann stieg er ein und brauste davon.

Vor nicht allzulanger Zeit hatte das Fernsehen einen Film gezeigt, in dem ein junger Mann mit seinem Helfershelfer auf ähnliche Weise seine Erbtante beseitigte. Auch dieses Haus hier umgab ein dunkles Geheimnis, und die junge Frau wollte es lüften.

Der Garten lag wie ausgestorben, der Weg war menschenleer. Es bereitete ihr keine Mühe, über das Gartentor zu klettern. Geduckt ging sie auf die breite Terrassentür zu und horchte. Da schloß sich eine Hand um ihren Arm und riß sie mit derbem Griff zurück.

»Wos suacha S denn do?« fragte eine grobe Stimme. Der Mann, der zuerst die Gaststube betreten hatte, zerrte sie ins Haus und ließ sie erst frei, als er die Haustüre abgeschlossen und den Schlüssel eingesteckt hatte. Nun legte er seinen Mantel ab, zündete sich wieder eine Zigarette an und ließ sich in einen Sessel fallen. Frierend, mit triefenden Haaren, nassen Kleidern und aufgeweichten Schuhen stand sie vor ihm und wagte nicht, ihn anzusehen. Ob sie wollte oder nicht, sie mußte ihm alles erzählen. Als sie geendet hatte, lachte er laut und unnatürlich auf. Überrascht blickte sie auf, sah gutmütige, braune Augen und darüber eine hohe Stirn, die von dichtem, kastanienbraunem Haar umrahmt war. Der Mann erhob sich, nahm ein Bild von seinem Schreibtisch und reichte es ihr. Seine Augen wurden feucht, als er zu sprechen begann:

»Des war mei Senta. Ois kloans Wollbündl hob i s kaft, weil s ma alloa in dem großn Haus z staad war. Später hod s a Kind ausm See zogn, a poor Einbrecher gstellt, und d Irene hod s dick ghabt. Hätt i mi damals drauf valassn, waar ma die Enttäuschung aa erspart bliebn. Jetzt war s oid und krank, und heut abend war mei Freund, da Tierarzt, do ... «

Verlegen und hilflos starrte die Ertappte auf das Foto des bildschönen Schäferhundes. Dann legte sie es zurück und verließ mit gesenktem Kopf das Haus.

Am nächsten Morgen war die Luft frisch und sauber, der Himmel strahlendblau. Christa Holzner duschte ausgiebig, packte ihren kleinen Koffer, frühstückte und fuhr noch einmal durch den Weg, den sie in der vergangenen Nacht unter so seltsamen Umständen kennengelernt hatte. »Thomas Steinbauer, Rechtsanwalt« stand auf dem Messingschild über dem Briefkasten. Zaghaft drückte sie auf den Klingelknopf. Der Hausherr erkannte sie nicht. Sie nannte ihren Namen und entschuldigte sich für ihr Eindringen in sein Grundstück. Dann trafen sich ihre Blicke.

Die Mutter der jungen Frau mußte auf die Hilfe ihrer Tochter bei den Festvorbereitungen verzichten.

In der Hauptschule im Marktflecken nahe der österreichischen Grenze kündigte bald darauf eine Lehrerin.

Thomas Steinbauer aber erzählt seinen Gästen gerne die Geschichte der ersten Begegnung mit seiner Frau.

»An ihram letztn Dog hod ma mei Senta no die Richtige zuabracht«, schließt er nicht selten seinen Bericht, aber um nicht sentimental zu erscheinen, fügt er schnell hinzu: »Einbrechen wollts bei mir, dafür hod s ‚Lebenslänglich‘ kriagt.«

Über d Eifersucht

A Mensch, der mit da Liab gern spuid,
se ois Vaführungskünstler fuihd,
der moant, es bricht – kummt er ned naus –
in puncto Sex da Notstand aus,
vasperrt ma so oam Tor und Tür,
der kraxelt nachts über s Spalier,
probiert s, wenn s sei muaß, aa mitm Liagn,
so saftig, daß se d Balkn biagn.
Mit Eifersucht sei Treu erzwinga,
wead bei dem neamad fertigbringa.

Findn zwoa Menschn zuanand,
weil ihre Seelen so vawandt
wia s Haferl, des zum Deckel paßt,
wo oans auf s andre se valaßt,
a soiche Freundschaft konnst ned trenna,
mog d Eifersucht aa no so brenna.
Vasperrt ma eahnan Weg mit Schranken,
na bleibn s vabundn in Gedankn.

Dodraus siehgt doch a jeder gwiß,
daß d Eifersucht recht sinnlos is.
Ma konn mit so am Gfuih im Herzn
se höchstens s eigne Glück vascherzn.

Ratschlag für an Oidn

Hättst allen Grund zum Stoiz.
Mit deine Kinda host an Zammastand,
da Hof, da Stoi, oiß is guad beianand.
Du host des größte Oosehng in da Gmoa,
und du bist rüstig, konnst no manches doa,
dahoam und drauß im Hoiz,

bloß oans wuist ned vasteh:
Vui bessa passad doch a junge Kraft
statt deina im Verein in d Vorstandschaft.
Du spannst ned, daß ma di aus Mitleid fast
auf deine Pösterl, in de Ehrenämter laßt.
Warum wuist denn ned geh?

Jetzt grantlst und schimpfst los,
daß koana vo de Junga s Oidda ehrt,
bockst wia a Kind, dem d Muatta wos vawehrt.
Du schiabst de, mehr ois nötig waar, in n Vordagrund,
wennst koa Beachtung findst, na bist ned gsund,
und schodst dir selba bloß.

Laß doch den Blädsinn bleibn!
Konnst denn des ned begreifa, guada Mo,
daß koana s Jungsei ewig pachtn ko?
A jeda gunnt von Herzn dir dei Freid,
dein Spaß am Ausgeh, an da Gselligkeit,
bloß soidst ned übatreibn!

Am Muattadog

Im Bett muaß i heid bleibn,
sie woin mi überraschn.
Wos d Kinder wohl scho treibn,
ned kamped und ned gwaschn?

Do hör i a Geklirr.
Wos die bloß wieda suacha!
Doch ned des guade Gschirr?
Dann gibts Kaffee und Kuacha.

Fast biagt se as Tablett.
Des olles soi i essn!
Ade, Schlankheitsdiät,
du bist vorerst vagessn.

I kriag an Bleamestrauß.
An Schokolad mit Nüssen
packt glei da Kloane aus
und schmiert n in mei Kissn.

Mitm Kocha hob i z doa,
do steht ma neamd zur Seitn.
Und i deaf ganz alloa
as Gschirr spüln. Herrschaftszeiten!

I bin so frei und sog,
wenn s nächsts Johr an mi dengga,
sie soin ma für den Dog
a scheene Busfahrt schengga.

Ego

Mei Wunsch is groß:
I mecht so gern ergründn:
Wer bin i bloß?
Und wo konn i mi findn?

Wer ziahgt mi raus
aus meina finstern Truacha?
Wer kennt se aus
und huift ma, mi zum suacha?

Naahm wer mei Hand,
i daad n herzlich bittn,
i steh am Rand,
kumm, führ mi in mei Mittn!

Waar des a Freid!
Mei, kannt mi des beflügln!
Bloß fehlt ma d Zeit.
I kumm ned nooch mitm Bügln.

Oiwei wieda

*Wer arbadn muaß den ganzn Dog,
bei dem wead s abends ned z spät.
So um den elftn Stundnschlog
vaziahg i mi ins Bett.*

*I drah mi um und schlaf aa glei,
brauch gor nix weida doa.
Dann bin i wieda wach. O mei!
Es is erst hoibe zwoa.*

*I häng mein Krogn zum Fenster naus,
denk an a neus Gedicht,
do geht da Huaba in sei Haus.
Er kummt grod vo da Schicht.*

*I ziahg an Vorhang wieda zua,
mach s Liacht aus und zähl Schaf.
Jetzt gibt da Nachbarhund koa Ruah,
s is wieda nix mitm Schlaf!*

*Da Zoaga zoagt jetzt zwanzg nach drei.
In mein Gedanknflug
dringt aus m Hof a Katzngschrei.
Dann kummt da Güterzug.*

*I hör den ersten Gockl krahn,
de Kirchturmuhr schlogt vier.
A Friahaufsteher rennt zur Bahn.
Es kracht a Autotür.*

*Im Ostn hintn dämmerts scho.
S is oiwei s gleiche Liad:
Da neie Dog bricht draußn oo,
und jetzt waar i stoamiad!*

Wia a Frau sei soi

A Frau soi nach des Mannes Willen
a poor Bedingunga erfüllen:
Ihr Gschau, des soid recht gschamig sei,
wia des von da Prinzessin Di.
Fürn Haushalt brauchad s a Statur
wia a Bavariafigur.
Von wos de Manna gor z gern singa:
Marylin Monroes Hüftnschwinga,
da Anmut und dem sechsten Sinn,
wia bei a Tempeltänzerin.
Muaß s wegn am Steuerbscheid vahandln,
soid s in an Drachn se vawandln,
mit Kampfgeist die Debattn führn,
wia d Thatcher Margret beim Regiern.
Am liabstn waars eahm, sie waar reich
und da Onassis Tina gleich.
Doch miaßad s brav und züchtig lebn
und deafad ned zvui Geld ausgebn.
Sonst bräuchad s bloß an Haushalt führn,
dafür langt ihra bisserl Hirn,
und dafür, daß s erkenna ko,
wia genial er is, ihr Mo!

Ehe

»Kuchlarbad, Kirch und Kinder
san für d Frau as allergsünder,
kummt s doch über soiche Schrankn
ned auf andere Gedankn,
do bleibt d Zenzi brav und lauter«,
hod a gmoant, ihr Angetrauter,
und hods s Lebn so richtig gnossn.
Sie war oft vahärmt, vadrossn,
gwehrt hod sa se, widasprocha,
doch er hod ihrn Willn boid brocha.
Jetzt, nach dreißg Jahr Machtentfaltung,
tadelt er ihr schlechte Haltung,
ihre mangelndn Intressn,
früher waar des anders gwesn.
Wo ihr so vui Glück beschiedn,
miaßad s dankbar sei und zfriedn,
sie dagegn hätt nix wia Launa,
und er kummt ned ausm Stauna,
daß s eahm ned vo Zeit zu Zeit
Bussl gibt vor lauter Freid.

Reichlich spät

Du sogst, weilst jetzt in Rente bist,
drum mach ma oiß mitnand,
daß d jetzt dei Lebn mit mir genießt,
drum gehn ma Hand in Hand.

Mia schlaffa aus, so lang s uns freit,
und macha s uns recht schee.
Und frische Semmeln gibts ab heit,
dann drink ma lang Kaffee.

Scheint d Sonna, bleibn ma ned im Haus,
do fahrn ma naus auf s Land.
Du sogst, du führst mi ganz groß aus,
und oiß mach ma mitnand. –

Vui Ehejahre san dahi.
Dei Freiheitsdrang war wuid,
und mit da Zeit, do hob i mi
oaschichtig wieder gfuiht.

Wenn jetzt nach trauter Zweisamkeit
dei Sinn auf oamoi steht,
laß ma zum Gwohna bitte Zeit,
denn es is reichlich spät.

Setzkastn

A Setzkastn macht recht vui Freid,
und zwar ned nur de junga Leit.
De Glastaubn obn im erstn Fach
ruaft d Sehnsucht nach Venedig wach.
A Ticket nach Paris und zruck
erinnert an mein erstn Flug.
Des Lavastoandl is a Bote
vom Deifesberg in Lanzarote.
Des Seepferd. Jahrelang is s her,
die Urlaubsfahrt ans Mittelmeer.
Konzertkartn! Mei Freid war wuid,
da Barenboim hod Mozart gspuid.
An s Sommergartenfest, an s zeame,
erinnert mi a Trocknbleame.
Die Muschln do, die kloana, rundn,
hob i amoi am Lido gfundn.
A Glückskäfer aus Plastilin
is in am untern Kastl drin,
schaugt aus ois wia a Tintnfisch
und war auf meim Geburtstagstisch;
mei Sohn hod mir des Werk beschert,
und drum hod s an besondern Wert!
Champagnerstopsel aus Paris:
A Nacht, die traumhaft gwesn is.
Des Schillingstück ganz obn drin
stammt von da Urlaubsfahrt nach Wien.
A kloana Zwerg aus Porzellan:
Stundn, die z schnell vaganga san.
In olle Kastl, siebn mal siebn,
is irgend a Ereignis bschriebn,
und jedes Bröckerl von dem Schund
erinnert an a guade Stund!

Trauminsel

Frei wia a Möwe, wenn s die Flügel spannt,
naufziahgt in d Höh weit über Meer und Sand
und plötzlich neitaucht in a blaue Welln,
dann wieder steigt und kreist im Liacht, im helln,

frei wia die schwarze Hündin, die sich zletzt
beim Strandlauf kraftvoll in Bewegung setzt,
oiß überholt ois wia a Pfeil im Wind,
und die, eh s oana fanga kon, vaschwindt,

frei wia die Brecher, die an Strand aufwühln,
aufbrausend, spritzend Klippen überspüln,
a meterhohe Wand aus weißem Gischt,
die immer wieder gega d Felsn drischt,

frei wia da Wind, der mi am Kittl zerrt,
an Sand aufwirbelt und mir d Sicht vasperrt,
nachts an meim Fenster rüttelt mit Gewinsel,
so frei hob i mi gfuiht auf meiner Insel.

Erscheint mir s Lebn amoi bsonders schwer,
draam i vom Sommerwind, von Sand und Meer.

Mei Kripperl

Bei Ochs und Esl gibts koa Streu,
koa oanzigs Büscherl Stroh und Heu.
Wos für mei Kripperl i erworbn,
is unbrauchbar, vaseucht, vadorbn.
Die Baamerl bei da Weidn vorn
ham Laub und Nadln fast valorn.
Drübn, an der kahlen trocknen Stell
hod s Bacherl gsprudlt, klar und hell.
Da Untagrund is nimma dicht,
es findt se neamd, der s wieda richt.
Und bei da Hirtnschar is jetzt
bei olle Gsichta d Farb obgwetzt.
As Innenleben stelln s zur Schau
aus hartem Hoiz, ungschliffa, rauh.
Da Stern mitm goldna Strahlenkleid
is matt und triab worn mit da Zeit.
Ob s Christkind, wenn as Glöckerl klingt,
a Liachtl in mei Kripperl bringt?

O du fröhliche

O du selige Weihnachtszeit!
Zum Feiern muaß ma d Oma hoin,
doch die Herrn Söhne ham an Streit,
weil s wieda olle zwoa ned woin.

Da Baam paßt ned in n Stända nei.
Da Vatta schimpft, obwohl s nix nutzt.
D Muatta siehgt d Not und jammert glei:
»O mei! I hob doch grod frisch putzt!«

D Platzl probiert da Hund bereits.
D Sternwerfa senga s Engelshoor.
Am Waggi fliagt a Trumm ins Kreiz.
Da kloane Maxl fangt a poor.

Da Hausherr braut mit Sachverstand
an Punsch und glaubt, des konn nur er.
Gewaltig is da Durchanand,
und d Muatta kennt ihr Küch kaum mehr.

Dann liegt da Bodn voi Gschenkpapier,
s Christkind hod olle glücklich gmacht,
und vierhändig aufm Klavier
spuin d Buam wia jeds Johr »Stille Nacht«.

Endstation

Verloren steht die oide Frau
im Vorraum weiß und nüchtern.
Sie fürcht se in dem groߜn Bau.
Wenn s gfrogt wead, antwort s schüchtern.

Ihr Einzelzimmer is arg kloa.
A fremda Gruch hängt drinna.
Sie sitzt den Rest vom Dog alloa
und laßt d Gedankn rinna.

Beim Fuaßboistadion ham s gwohnt,
fuchzg Johr wern nimma glanga,
und gwerklt ham s, es hod se glohnt.
Dann is ihr Gustl ganga.

Da Bua hod gmoant, sie wead jetzt oid,
ma miaßt wos unternehma.
Und so is s durch ihrn Rudi boid
ins Seniornheim kemma.

A Schachtl steht verschnürt im Eck,
die Frau hod s ned vagessn.
Sie sitzt no auf demselbn Fleck,
und unberührt bleibt s Essn.

Am nächsten Dog zur gwohntn Zeit
wui s vor zum Kramer laffa.
Wia jedn Dog, so mechts aa heid
a Muich und Semmeln kaffa.

7

Do foid ihr ei, sie braucht koa Brot.
S Sozialamt hod ihr Rentn,
sie is im Heim, ihr Mo is tot,
da Bua in Augsburg drentn.

Zruck geht s ins Haus, schwaar is ihr Schritt.
Durchs Fensta schaugt s in n Gartn.
Drauß rengt s, drin laffa Tränen mit.
Nix konn s mehr doa, nur wartn.

Sie hoid die Schachtl, öffnet s Band
und nimmt a Buid mit Rahma.
»Gustl, i mach dir scho koa Schand.
S is recht so, in Gotts Nama!«

Des wars

A kloana Lastwagn steht vorm Haus.
A Greisin is vastorbn.
Da Tandla trogt ihrn Hausrat naus,
den billig er erworbn.
Die Frau is über drei Jahr glegn.
Fast is s vabraucht, ihr kloans Vamögn.

Da Lehnstuih, der auf Rollen laft
– er is no guad erhoitn –
wead an a Altersheim vakaft,
des is wos für die Oidn.
Da Sohn hod n da Muatta gschenkt,
doch später kaum no an sie denkt.

No immer steht im schmalen Gang
a großes Voglbaua.
Es warn mit eahnam frohen Gsang
in ihra Witwentraua
zwoa Wellensittich Trost und Freid
während da erstn schweren Zeit.

A Taftkleid fliagt jetzt aufn Wogn.
d Tochter hod s zum Examen
am Abend im »Regina« trogn;
a Ball im großn Rahmen.
Die stoizen Eltern warn dabei.
Dann is s vazogn, nach Schwedn glei.

An Nußbaumschrank lodn s danach auf,
a Stück aus guade Stundn.
s war nachm Kriag da erste Kauf.
Ihrn Mo hod s wiedagfundn.
Er is nach drei Johr unversehrt
aus da Gefangenschaft zruckkehrt.

A Hochzeitsbuid in Ebenhoiz
is aufn Stoabodn gschlittert.
As Brautpaar strahlt no voller Stoiz,
bloß d Glosscheibn is zasplittert, –
a Buid voll Harmonie und Gfühl.
Da Altwarnhändler schmeißt s in n Müll.

Da kloane Lastwogn fahrt jetzt los,
valassn steht die Wohnung.
As Barvermögn war nimma groß,
es reicht grod zur Entlohnung
für d Gärtnerei, die se vapflicht,
daß s Grob zu olle Festdog richt.

Da größte Reichtum

»Des wichtigste für an Bauern is, daß a s Sach zammhoit! Wenn oana amoi zruckhaust, dann deaf a se wos eifoin lassn, wenn a ned wui, daß da Hof untern Hammer kummt«, hatte der Weidacher Kilian immer gesagt, wenn in seinem Bekanntenkreis wieder ein Bauer in Schwierigkeiten geraten war. Bei ihm selber war immer alles gutgegangen. Seine beiden Mädel – die Mariele war Verkäuferin geworden, die Anni Kontoristin – hatten daheim fest zugepackt, von der Bäuerin ganz zu schweigen. Der Weidacher hatte sich auch noch Maschinen kaufen können, als die Lebenshaltungskosten den Preisen für landwirtschaftliche Erzeugnisse schon weit davongelaufen waren.

Daran dachte Mariele Leitner, geborene Weidacher, als sie mit der Bahn der Heimat entgegenfuhr. Die Stadt lag längst hinter ihr; der Zug schnaufte an Kartoffel-, Maisschlägen und an abgeernteten Kornfeldern vorbei. Nur hinten am Waldrand zog noch ein Mähdrescher seine Bahn.

Die Gedanken der jungen Frau gingen wieder zurück in die Vergangenheit. Lange war es her, daß auch bei ihnen daheim Erntedank gefeiert wurde.

Ein Jahr nach dem Tod der Mutter hatte die Anni den Stefan geheiratet, einen tüchtigen Bauern. Der Vater hatte sich in den Austrag zurückgezogen. Es war ihm schwergefallen, sich an das einschichtige Leben zu gewöhnen.

Als die beiden Buben zur Welt gekommen waren, hatten die Erträge des Hofes nicht mehr ausgereicht, um alle Mäuler zu stopfen. Der Stefan arbeitete nach einem Umschulungskurs in der Fabrik. Die Gründe waren verpachtet, ein Baugrund war verkauft worden.

Neben dem renovierten Elternhaus stand ein Zweifamilienhaus, das Mieteinnahmen abwarf. Alles wäre in schönster Ordnung gewesen, wenn der Vater sich damit hätte abfinden können, daß der Kuhstall leerstand und seine Äcker von fremder Hand bestellt wurden.

Auch der Gedanke versöhnte den Alten nicht, daß sein ältester Enkel, der zudem seinen Vornamen trug, nichts anderes im Sinn hatte, als in dem Hof, den er einmal erben würde, wieder Bauer zu werden. Er ließ sich das Essen in seine Stube bringen und kam höchstens an den Feiertagen herüber zu den Jungen, wenn ihm die beiden Buben länger zugeredet hatten.

»Fremde Leit auf meine Felda, koa Kuah mehr im Stoi, und da Schwiegasohn is a unfreia Arbeita; a Glück, daß d Muatta des nimma dalebt hod!« lamentierte er jedesmal. Wieder und wieder warf er seinen Kindern vor, daß auch er und seine Vorfahren schlechte Zeiten hätten durchmachen müssen, aber zu keiner Zeit habe einer auch nur daran gedacht, den Hof aufzugeben.

Die Anni hing sehr am Vater und war wegen seiner Unversöhnlichkeit kreuzunglücklich.

Der Zug fuhr in einem kleinen Bahnhof ein. Mariele Leitner trat auf die Straße und schaute sich um. Sie liebte ihr Heimatdorf, das sein Gesicht trotz des technischen Fortschritts und des allgemeinen Wohlstandes nicht verändert hatte; es lag zu weit weg vom großen Verkehr. Dann dachte sie an die Schwester. Lange war man sich nicht begegnet. Die Verkäuferin war erkrankt gewesen und Mariele hatte selbst in dem Geschäft helfen müssen, das ihr und ihrem Mann gehörte.

Ihre Ehe war kinderlos geblieben. Aber heute wollte sie der Schwester wieder einmal Gelegenheit geben, ihr Herz auszuschütten. Sie atmete tief durch und machte sich auf den Weg.

Die Anni saß über einem Korb Flickwäsche, als die Schwester in die Stube trat. Nach einer herzlichen Begrüßung setzte sie sich auch an den Tisch und nahm sich ein Paar Bubensocken vor, so, wie sie auch früher alle Arbeiten gemeinsam erledigt hatten. Nach einer Weile fragte die Mariele: »Is da Vatta drobn in seim Zimma?«

Die Schwester schüttelte den Kopf. »Der geht jetzt dienstags

immer zum Seniorenkaffee. Da Herr Pfarra hod n persönlich eingladn.«
»Unsa Vatta geht wieda ausm Haus?«
»Ja. Und grod guad duads eahm. Wia vawandlt is er. Manchmoi hob i des Gfuih, der hod a Freundin«, scherzte die Anni.
»Und i kumm mit am schlechtn Gwissn, weil i mi so lang ned sehng lassn hob!« sagte die Mariele.
»Mi daats intressiern, wos do drübn los is. Mogst ned amoi nübaschaugn in n Pfarrsaal«, ermunterte die Anni die Schwester, die sich auch gleich auf den Weg machte.
Vor dem Pfarrsaal herrschte ein geschäftiges Kommen und Gehen.
Neugierig trat sie näher.
Auf langen, weißgedeckten Tischen standen Kuchenteller zwischen kleinen, bunten Blumensträußen. Junge Frauen legten Gedecke auf und falteten Servietten. Mariele fragte nach ihrem Vater.
»Da Herr Weidacher? Naa. Der is ned do. Mia holn nämlich die Bewohner vom Altenpflegeheim rüba; dabei huift er uns.«
Auf dem Weg zu dem großen, weißgestrichenen Bau kamen ihr, von freundlichen Helfern geführt oder in Rollstühlen geschoben, gebrechliche, alte Menschen entgegen.
Ihren Vater, erfuhr sie, könne sie im zweiten Stock, der Station V, finden.
Mit dem Aufzug fuhr sie hinauf. Vor ihr lag ein langer Gang, auf dem ihr eine Geruchsmischung von Bohnerwachs, Kaffee, Medizin und naßgemachter Wäsche entgegenschlug.
Bunte Namensschilder an den Türen, aus Salzteig gebacken oder aus Ton gebrannt, vermittelten eine gewisse persönliche Atmosphäre, genau wie die Visitenkarte eines ehemaligen Obersten. Doch der Schein trog. Trat man in eines dieser Zimmer, so bot sich einem nicht selten das Bild völliger Hilflosigkeit. Nur ein paar Fotografien auf dem Nachttisch oder an der Wand erinnerten daran, daß der dumpf vor sich hinbrütende oder laut mit seinem Schicksal hadernde Bewohner dieses Raumes vor nicht

allzu langer Zeit noch mit beiden Beinen fest im Leben gestanden hatte.

Mariele Leitner starrte gedankenverloren vor sich hin, als eine Türe geöffnet wurde.

Mit einer Behutsamkeit, die sie ihm nie zugetraut hätte, schob der Weidacher einen Rollstuhl heraus mit einer zierlichen alten Dame, die eine reichgemusterte, handgearbeitete Strickjacke trug; ihr weißes Haar war sorgfältig frisiert.

»I fahr Eahna jetzt nüba in n Pfarrsaal«, erklärte der Weidacher seinem Schützling, »do gibts Kaffee und Kuacha.«

»Würden Sie mich bitte nach Hause bringen, ich wohne in Ammerland. Mein Sohn hat versprochen, mich zu holen. Wo er nur bleibt?«

»Jetzt fahrn ma zerst amoi zum Kaffeetrinkn. Dann sehng ma weida«, beschwichtigte der Weidacher die alte Dame. Er entdeckte die Mariele, begrüßte sie und sagte: »Bring amoi d Frau Müller zum Fahrstui vor. Da Herr Oberst is nämlich no auf seim Zimma«.

Er klopfte und öffnete die Türe mit der Visitenkarte.

Wenig später schoben Vater und Tochter die beiden Rollstühle durch die Lindenallee zum Pfarrsaal hinüber.

»Geh ruhig mit nei. Jetzt host garbad, do deafst da aa a Tass Kaffee nehma«, schlug der Weidacher vor.

Auf dem Rückweg hatte sich Frau Müller damit abgefunden, daß weder ihr Sohn noch sonst jemand sie nach Ammerland zurückbringen würde, und der Herr Oberst, der auf der Hinfahrt geschwiegen hatte, erzählte zum soundsovielten Male die Überquerung des Po auf dem Rückzug in Italien.

Als sie dann heimkehrten, hingen der Weidacher und die Mariele schweigend ihren Gedanken nach, bis er sagte: »Ihr Junga hängts bloß am Hab und Guat. D Gsundheit is da größte Reichtum. Nix anders wia d Gsundheit, Mariele. Des muaßt da merkn!«

»Recht host, Vatta«, erwiderte sie und legte ihren Arm in den seinen.

Da Herbst

*D Wuidantn san no in da Mauser,
weil s eahna Wintergwand grod kriagn.
Da Herbst – er is a rechta Lauser –
spuid mit da Zeitung Drachnfliagn.*

*Da Sommer hod im Wolknschrankerl
no Farbn, die er aufhebn mecht.
Da junge Herbst hupft auf a Bankerl,
scho hod die Haferl er daspecht.*

*A Sonnablumagelb is drunter.
Er zarrt n raus, den Farbentopf,
schütts auf den großn Ahorn nunter,
bis nix mehr drinna is, der Tropf!*

*Des Rot von Dahlien und Rosn
spritzt er no mitm Pinsl drei,
bis er s vabraucht hod, olle Dosn.
Grod lustig is die Malerei!*

*A Tube Suiba liegt daneben.
Da Künstler denkt: Ob i mi trau?
Oan kloana Hauch für d Spinnawebn
und a poor Tröpferl bloß fürn Tau!*

*Wie in da Sonna d Farbn glanzn,
es is a Leuchtn und a Bliahn!
Im Gros siehgst Diamantn tanzn,
und Ahornbaam und Buacha gliahn.*

*Da Wind blost lauter jetzt und voller,
doch sonst wead s staad in Feld und Au,
bloß d Starl san dutzendweis im Holler
und sprenkln olles dunkelblau.*

Föhn

Perlensträußerl aus Rubin
leuchtn in da Ebereschn;
kloane Feuerl brenna drin,
und koa Wind bringt s zum Valöschn.

Blaues Meer am Himmeszelt,
letzte Sonnastrahln glanzn;
rosarote Inselwelt,
goldne Schifferl treibn und tanzn.

Dunkel stehnga d Berg und groß,
wachsn und wern oiwei länga,
bis vom Gipfe schwarze Roß
in de blauen Wellen dränga.

Immer schneller wead ihr Schritt,
immer lauter blosn d Herdn;
olle Inseln nehma s mit,
olle Schifferl falln auf d Erdn.

Es vasinkt de letzte Gluat
nach dem wuidn Wellendreschn.
Tränenbündl, rot wia Bluat,
hänga in da Ebereschn.